_____ 님께

_____ 드립니다.

하나님에 대한 묵상집

과학자의 믿음

공학박사 **전의진**

나침반

내 일생에서 가장 잘한 결정

필자가 본격적으로 교회에 출석한 것은 독일 하노버 대학교(University Hannover)에서 금속공학 박사학위를 취득한 후 1978년 미국으로 건너가 델라웨어 대학교(University of Delaware)에서 연구 생활을 시작할 때였다. 독일에서도 아내와 함께 독일 교회 예배를 한두 번 참석했지만, 라틴어가 섞여 나오는 예배를 따라갈 수가 없었다.

우리가 살던 미국 뉴어크(Newark) 대학촌에는 한인교회가 없어서, 한 시간 정도 걸리는 메릴랜드 애버딘(Maryland Aberdeen) 한인교회를 출석하였다. 목사님의 설교도 좋고 예수님의 말씀이 좋아서 본격적으로 성경을 읽기 시작했다. 신약 성경부터 시작해서 이스라엘 역사, 초기 교회사, 동방정교회, 이슬람교, 가톨릭의 역사, 로마 이야기, 십자군 전쟁 등을 2~3년 동안 열심히 읽었다.

그러던 중에 창세기에서 아래와 같은 주제가 딱 걸린 것이 영 풀리지 않아서 고민이 되었다.
- 하나님이 말씀으로 천지를 창조하셨다.
- 학교에서 배운 지구의 나이와 성경의 역사가 다르다.
- 아담의 갈비뼈로 하와를 만드셨다.
- 사람들이 900살 넘게 살았다.

더 나아가서 신약에 나오는 아래 주제가 영 풀리지 않아서 고민이 되었다.
- 동정녀 마리아

- 오병이어, 죽은 사람을 살린다 등 각종 기적들
- 예수님의 부활
- 하나님은 지금도 살아계셔서 역사를 주관하신
  다 등

필자는 책 읽는 것이 직업이다시피하여 남들보다 책을 빨리 읽는 편이다.

필자가 읽은 여러 책이나 목사님들의 설교에서는 이러한 문제들에 대한 답이 없었다.

지금 생각하면 과학을 공부한 사람의 전형적인 고민이라고 할 수 있겠다. 창세기를 신화처럼 읽으며 넘어가다가도 다시 돌아와서 뱅뱅 돌곤 하였다.

과학자에게도 상상은 매우 중요한 요소이기도 하다. 과학자라는 사람들은 객관적 사실을 토대로 합리적인 추론을 사고의 기본으로 삼고 있기 때문에 종교적인 문제들을 받아들이기 어려운 경우가 많다.

귀국해서 작은 교회에 열심히 출석하면서도 이런 문제 때문에 일 년에 두 번 있는 세례식에 7년이 지나도록 참여하지 못했다. 말씀은 참 좋은데 성경이 믿어지지 않아서였다.

그러던 중에 성경 공부를 통해서 하나님과의 관계가 끊어진 것이 죄라는 인식이 생겼다. 또한 세계적으로 유명한 과학자 중에 기독교인이 매우 많다는 것을 알면서도 세례를 받지 않고 버티는 것이 교만이라는 스스로의 생각에 이르러 예수님을 구주와 주님으로 영접하고, 1987년 부활절에 세례를 받고 교회의 정회원이 되었다.

"우리가 아직 죄인 되었을 때에 그리스도께서 우리를 위하여 죽으심으로 하나님께서 우리에 대한 자기의 사랑을 확증하셨느니라"(로마서 5:8)
"영접하는 자 곧 그 이름을 믿는 자들에게는 하나님의 자녀가 되는 권세를 주셨으니"(요한복음 1:12)

참으로 감사한 것은 그 후에 그동안 고민하던 사항들이 하나씩 풀리기 시작했다는 것이다. 내 안에 계신 성령님께서 지혜를 주신 것이라고 믿는다. 성령님의 도움 없이는 예수님께 나아올 수 없다는 말을 체험했다.

80여 년의 삶을 살아오면서 '예수님을 나의 구세주로 영접한 것이 내 일생에서 가장 잘한 결정이었다'라고 필자는 자신 있게 말할 수 있다.

믿음 생활 중에 하나님의 은혜로 점차 필자가 가졌던 의문들을 풀어 나갈 수 있는 지혜를 얻게 되었다. 하나님에 대한 이해가 깊어진 것이다.

당시 필자가 죄인임을 깨우치고 예수님을 구주로 영접하지 않았더라면, 필자는 아직도 의심 많은 도마로 남아있을 것이다.

지구가 평평하다고 믿던 중세인과 다름없다는 사실을 깨달은 것이다.

이 글은 가족과 친지들에게 필자의 믿음에 대한 이야기를 남기고 싶어서 쓰기 시작했다.

　이 글을 읽는 분들이 필자와 같은 고민을 해왔다는 것을 알고 책으로 엮어 출판하게 되었다. 앞으로 필자가 깨달은 하나님 이야기를 하나씩 풀어나갈 생각이다.

순례자의 목마름이 느껴지는 책

유대인들의 가정교육은 유별나다.

그들의 교육은 모두 대화를 통해 이루어진다.

그들은 어릴 적부터 '하브루타', 즉 '생각하며 말하는 대화법'을 몸에 배도록 가르친다. 창의성을 길러주기 위함이다.

대화는 자칫 가족들 간에 경직되기 쉬운 생각을 자유롭고 폭넓고 깊이 있게 만들어 준다. 그런 유연한 사고가 창의력과 합리성을 키워주기 때문이다.

이 책은 전의진 박사의 신앙 고백서임과 동시에 믿음의 대화를 위한 책이다.

이 책은 앉은 자리에서 단숨에 한 번에 읽는 것

이 좋다. 그러고 나서 가족들이 모일 때마다 한 주제씩 읽고 대화의 주제로 삼기에 안성맞춤이다.

가족들이 서로 돌아가면서 읽고, 읽은 내용을 자유롭게 질문, 토론, 대화의 방식으로 나눔을 갖기만 해도 가족들이 모두 행복해질 것이며, 자녀들의 사고력이 계발될 것이며, 마음속에 떨어진 말씀의 씨앗이 저절로 자라게 될 것이다.

주제들을 읽다 보면 삶에 지치고 때 묻은 영혼이 맑고 차가운 개울에서 세수하고 깨어나는 감동을 맛보게 된다. 왜냐하면 일평생 과학기술 분야의 정상에서 외길을 걸어온 한 노 과학자의 복음 진리를 찾아 나선 치열한 순례자의 목마름이 느껴지기 때문이다.

특히 필자는 인생 80여 년을 지나면서 '앞으로 남아있는 시간들을 어떻게 살아야 할까?'를 고민하며 비슷한 선택의 갈림길에서 길을 묻는 이들,

그리고 이들의 자녀들에게 진솔하게 들려주고 싶은 이야기를 펼친다. 굳이 설교적 필체로 쓰지 않았기에 한 마디쯤 훈수를 두어도 넉넉히 받아줄 여유가 느껴지는 것도 이 책을 추천하는 이유 중 하나다.

아무쪼록 이 책이 가정과 더불어 교회를 살리는 데 좋은 지침서가 되기를 바라며, 다음 세대를 위한 귀한 선물이라는 확신을 가지고 기쁜 마음으로 추천한다.

김의환 선교사

(전) 꿈의 학교 교장·서산 소재 대안학교
(현) 우간다 쿠미 대학 이사장

다음 세대에게 들려주는 하나님 이야기

하나님께서는 본인의 이름을 '아브라함과 이삭과 야곱의 하나님'이라고 소개하십니다. 세대와 세대를 거쳐 예배를 받으시고 세대를 이어 하나님의 역사를 이루시며, 유업을 통해 하나님의 역사를 이어가시겠다는 말씀입니다. 그리고 이스라엘 백성들에게 너희 자손 대대를 향하여 하나님께서 행하신 역사를 가르치고 기억하게 하라고 명령하십니다(출애굽기 10:2).

이 시대를 살고 있는 우리 세대는 부모님 세대의 삶의 간증과 그 세대의 부흥의 역사의 이야기에 귀기울여야 한다고 생각합니다. 놀라운 부흥의 역사를 가진 대한민국 부흥의 역사와 간증이 세대와 세대를 거쳐 흘러가야 하기 때문입니다. 이는 한 가정과 가문 그리고 교회 공동체에서도 마찬가지입니다. 아버지 세대가 경험한 하나님과 그분들의 간증 이야기를 다음 세대들은 귀를 기울여 경청해야 합니다.

우리 교회의 전의진 장로님께서는 일평생 과학자의 삶을 사셨습니다.

이 책은 말씀과 씨름하며 하나님을 만나고, 경험한 이야기를 담고 있습니다. 장로님의 자녀, 손주 세대에게 큰 도전과 감동을 줄 뿐만 아니라 이 땅의 다음 세대들에게도 큰 도전을 줄 것입니다.

많은 다음 세대가 이 책을 통해 들려주는 성경 이야기, 삶에서 만난 하나님 이야기에 귀 기울이고 함께 웃고 울며 감동받기를 소망합니다.

임재승 목사

인천 송도 Harvest Rock Church 담임목사

목차

제1장

하나님의 은혜

필자의 기도의 시작은 항상 똑같다.

"하나님 아버지! 저희 가정에 부어 주신 아버지의 은혜와 사랑에 대하여 진심으로 감사드립니다."

필자는 1946년생이다.

지나온 생애를 돌이켜 보면 여러 가지 일들이 많이 있었지만 평탄한 삶이었고, 하나님의 은혜였다. 큰 병을 앓거나 사업에 실패하지도 않았다. 하나님을 절망 속에서 붙잡은 것도 아니고, 드라마틱한 사건도 없었다. 하나님에 대한 고민을 성령님의 도움으로 깨우쳤다는 것에 대하여 하나님께 감사드린다.

평생 건강했지만 위암을 초기에 발견해서 위를 반 이상 절제하고, 이 책을 병상에서 탈고했다. 위암을 조기 발견하고 수술 전 여러 가지 사전 검사를 통해 다른 큰 병이 없다는 것을 확인했으니 역시 하나님의 은혜이다.

필자는 이사도 많이 하고 교회도 여러 차례 옮겼다. 그때마다 마음속으로 '새 교회에서 꼭 하나님의 임재를 느끼도록 도와주소서!' 하고 기도했다.
그러나 40여 년이 지난 지금까지도 예배 때마다 하나님의 임재를 구하고 있으며, 예배 현장에서 하나님이 역사하시는 광경은 여러 차례 경험했다.

필자와 친구로 지내는 시골 목사님은 본인의 교회에서 예배를 드리는 중에 하나님의 임재를 느꼈다고 한다. 하나님께서 자기 오른편에 와 계셔서

숨을 쉴 수도 없었다고 한다. 고개를 돌리면 하나님을 보게 되고 그러면 죽을 것 같다는 긴박감을 느꼈다는 것이다.

하나님은 찾아오시는 하나님이시다.

하나님께서는 아브람을 찾아오셨다. 당시에 그가 살던 지방에서 하나님을 섬겼다는 기록은 없다. 모세가 40여 년 동안 광야에서 양을 치고 있을 때, 호렙산에서 불타지 않는 떨기나무 속의 목소리로 모세를 찾아오셨다. 당시 모세의 영적 생활에 대해서는 알려진 바가 없다.

하나님은 사무엘 제사장을 시켜서 이새의 아들 다윗을 찾아가서 기름 붓도록 하셨다. 아버지도 주목하지 않았던 목동 다윗이었다.

그리스도인을 박해하려고 다마섹으로 가는 사울에게도 예수님께서 찾아가서 말씀을 전하셨다. 본인들의 의지와 관계없이 찾아오신 것이다.

필자에게는 언제 찾아오셨을까?

독일에서 공부를 마치고 박사 후 과정을 위하여 아내와 세 살 난 아들의 손을 잡고 미국으로 가기 위해 하노버(Hannover) 역을 떠날 때 필자가 가진 것은 박사학위 증서 한 장뿐이었다. 독일에서 아내는 말도 잘 안 통하고, 친한 이웃도 없고, 날씨는 우중충하고, 남편은 온종일 연구실에만 있었기에 우울한 날들을 보냈다. 그래서 미국에 가면 교회에 출석할 것을 원했다.

우리는 미국에 도착하자마자 한인교회를 찾아 등록했다.

하나님 말씀을 배우면서 우리는 기쁨을 찾았다.

하나님이 우리를 찾아주신 것이었다.

미국 생활 중 태어난 딸이 나중에 한국에서 다시 미국으로 유학 갈 때, "아빠, 그때 하나님께서 미리 다 준비해 놓으신 거예요"라고 말했다. 미국 생활을 미리 했기 때문에 여러모로 순조로웠던 것을 두고 하는 말이었다.

　필자는 1980년 광주 사태(5.18 민주화운동)가 나던 해 여름에 정부 유치 과학자로 귀국했다.

　미국 TV에서 광주에서의 총격전이 중계되자 귀국을 준비하는 우리를 주변의 모든 사람들이 말렸다.

　연구소가 소재한 곳이 경남 창원이었는데 우리는 창원이 어디인지도 잘 몰랐다. 당시에는 전자통신연구소는 구미공단에, 기계금속연구소는 창원 공단에 위치했다. 지금은 모두 대덕연구단지에 있다. 창원 연구소는 후일 한국재료연구소로 독립했다.

　십여 년이 지난 후에는 그때 귀국하기를 잘했다고 생각했다. 귀국하려는 사람들이 많아져서 유치 조건들이 까다로워졌기 때문이다.

　연구소에서 복합재료 전문가로 15년을 보낸 후 서울의 과학기술부에서 과학기술 행정가로 일할 기회가 생겼다. 실용 인공위성 개발 사업 등 7년간 주요 과학기술 정책을 수행했다.

정부 기관에서 퇴임한 후 과학기술 분야 여러 기관의 책임 있는 위치에서 일하다가, 73세에 남미 에콰도르 정부의 과학기술 정책 자문관을 마지막으로 드디어 공직에서 물러났다. 어려운 일들도 많았지만 하나님은 필자를 사람들 앞에 세워주시고, 명예롭게 은퇴할 수 있게 하셨다. 하나님의 은혜이다.

총리 공식 수행원으로 인도, 이스라엘, 이집트를 방문하면서 특별한 대접도 받았다.

헤아려보니 노르웨이 영토에 있는 북극 연구 단지 등 세계 50여 개국을 방문했다.

덕분에 영어와 독일어는 강의를 할 수 있을 정도로 능숙하고 중국어, 스페인어는 여행할 때 사용할 정도는 된다.

미국에서 영화를 전공한 딸이 촬영 현장에서 만난 중국인 영화음악 전문가와 결혼해 중국에서 살고 있다.

 딸은 중국 생활 초기에 소규모 유아원을 운영했다. 그리고 미국 기독교 재단의 Home School 교재로 자녀들을 가르쳤다. 하나님을 모르던 사위도 이제는 가정 예배에 참여하고 있다.

 중학생 손자들은 아침에 등교하기 전에 성경 구절을 중얼중얼 암송하고 엄마에게 머리를 내밀어 기도를 받고는 집을 나선다. 손자들은 성경 요절을 중국어뿐 아니라 영어로도 외운다. 중국 생활이 안쓰럽지만, 이제는 파송된 선교사 딸을 둔 심정으로 기도하며 응원한다.

 이 책은 필자가 깨달은 하나님 이야기와 하나님에 대한 묵상집이다. 이에 필자의 과학자로서의 이력을 소개한다.

- 서울공대 기계공학 학사, 석사
- 독일 하노버 공대(University Hannover)

금속공학 박사

- 미국 델라웨어 대학교(University of Delaware) 연구원(Research Associate)

- 한국 기계연구원 부원장(탄소섬유 복합재료 전문가)

- 과학기술부 기계연구 조정관, 연구기획 국장, 국제협력 국장, 정책연구 실장

- 한국창의연구재단 이사장

- 인천 정보산업진흥원 원장, 로봇산업진흥원, 과학기술연구원(KIST)

- 대통령 과학기술 자문위원회 위원

- 인천정보산업진흥원 원장

- 대전 테크노파크 원장

- 과학기술한림원 회원

- 공학한림원 회원

- 에콰도르(Equador) 정부 과학정책 자문관

- 국민훈장 석류장, 도약장 수상

- 장영실상 수상

- 한국공학한림원 일진상 수상

그동안 출석했던 교회는 다음과 같다.

● 미국 메릴랜드 애버딘(Maryland Aberdeen) 한인
교회

● 창원 남산교회(1987년 세례 받음)

● 서울 지구촌교회(침례교 안수집사)

● 인천 꿈이 있는 교회

● 대전 전민제일교회

● 서울 동안교회

● 에콰도르 키토(Equador Quito) 아름다운 교회

● 인천 Harvest Rock Church

이 글을 시작한 동기는 가족들을 대상으로 했지
만 「하나님이 정말 있는가?」 「성경을 믿을 수 있는
가?」와 같은 질문에 갇혀 있는 사람들이 믿음의 문
지방을 넘는 데 작은 도움이 되기를 바라는 심정으
로 집필했다. 성령님께서 도우시기를 기도한다.

제 2 장

하나님의 존재 증명

하나님의 존재를 증명한다는 것은 대단히 어려운 일이다.

역사적으로 살펴볼 때 많은 신학자들과 유명 철학자들이 노력했지만 어느 누구도 수긍할 만한 대답을 내놓지는 못했다.

그러나 논리 추론적으로 생각하면 쉽다.

하나님이 계시지 않다는 것을 증명할 수 없다면, 하나님은 존재한다는 것이다.

하지만 이는 올바른 대답이 아니다. 그렇기 때문에 하나님이 존재한다고 주장하는 것이 쉽지 않다.

상황이 이러하므로, 객관적인 증명보다 개인적인 믿음이 더욱 중요해진다. 하나님은 하나님을 믿는 사람에게는 확실히 존재하고 삶의 목적이 되고 은혜와 복을 베푸신다.

　하루살이에게 내일을 이야기하면 믿을 수 있을까?

　매미에게 내년에 보자고 하면 납득할 수 있을까?

　그들이 이해하지 못한다고 해서 내일이나 내년이 존재하지 않는 것일까?

　80여 년 사는 인간에게 영원히 사는 천국이 있다고 하면 쉽게 믿을까?

　이제 문제의 심각성이 느껴지는지 궁금하다.

　전쟁고아로 부모도 모르고, 부모를 증명할 수 있는 아무런 문서가 없는 청년은 부모가 없는 것일까?

그의 존재 자체가 그에게 부모가 있다는 것을 이미 증명하고 있다는 것을 우리는 인정한다.

우리의 족보를 거슬러 올라가 보자.

1,000여 년 전 족보는 잘 찾아보면 있다. 그러나 2,000년, 3,000년 전으로 거슬러 올라가면 알 수 없다.

우리는 5,000년쯤 이상 올라가면 우리의 뿌리나 근원을 찾는 것을 포기한다.

할 수도 없고, 하지 않아도 지금 세상을 사는 데 어려움이 없기 때문이다.

이집트인들은 문자가 있어 4,000년 전 역대 왕들의 이름과 사상을 알 수 있다.

잉카인들은 기록 문자가 없어서 그들의 자세한 역사를 알 수 없다.

그들이 남긴 유적을 보고 짐작할 따름이다.

훨씬 더 올라가 문자가 없던 시대로 가더라도 우

리의 존재 자체는 전쟁고아에게 부모가 존재했듯이, 우리를 만드신 하나님의 실체를 증명한다.

성경은 하나님이 아담을 하나님의 형상을 따라 지으셨다고 하고, 그 후손들의 이름과 죽을 때의 나이들을 기록하고 있다.

성경 자체의 신뢰성은 앞으로 또 이야기하겠지만, 이를 받아들이지 못하는 사람은 우리의 조상이 원숭이이거나, 우리의 미래 모습은 공상 만화에 나오는 문어 같은 우주인이라고 믿는 것인가?

제 3 장

하나님의 섭리

섭리는 '세상 우주 만물을 다스리는 하나님의 뜻'이다. 영어로는 Divine providence라고 한다.

신학적으로는 '미리 보다'와 '신의 배려'라는 뜻을 내포하고 있다.

우리는 하나님의 섭리를, 하나님의 뜻을 알 수 없다.

하나님은 우리가 온전히 이해하기에 너무 크고 차원이 다르기 때문이다.

다행인 것은 하나님은 공의로우시기 때문에 믿

고 의지할 수 있다는 것이다.

그러나 구체적인 사실로 들어가면, 우리는 하나님의 뜻을 알 수 없을 뿐 아니라 모르기 때문에 하나님이 계시지 않는다고 생각하기도 한다.

미리 결론을 말하자면 세상 역사에는 하나님의 뜻이 계셨다.

그러나 우리가 그런 뜻을 깨닫기까지 수백 년, 수천 년이 걸리므로 결국 우리는 하나님의 뜻을 알기 어렵고 하나님이 계시지 않는다고 생각하게 된다.

예를 들어 보겠다.

예수님께서 십자가에 못 박혔을 때 군중들이 소리쳤다.

"네가 하나님의 아들이거든 내려와서 너와 우리를 구하라!"

하지만 예수님은 십자가에서 "다 이루었다"라고 하시고 운명하셨다.

3년 동안 예수님을 따라다니면서 온갖 이적을 경험한 제자들도 예수님이 죽자 도로 갈릴리 호수로 돌아가서 예전처럼 어부가 된다.

예수님께서 잡히시기 전날 하나님께 이렇게 이루어질 것을 미리 아시면서도 "이 잔을 내게서 옮기옵소서. 그러나 내 뜻대로 마시옵고 아버지의 원대로 이루어지기를 원하나이다"라고 기도하셨다.

여기서 생각해 보자.

이것이 아버지의 뜻, 바로 섭리이다.

만일 백성들 요구대로 예수님께서 십자가에서 스스로 박힌 못을 뽑고 내려와서 이스라엘 백성을 지휘하여 로마군과 싸워 독립을 쟁취하고 영토를 회복하였다고 가정해 보자. 그렇다면 하나님의 도움으로 온갖 기적을 행한 모세나 다윗 왕에 버금가는 이스라엘 왕이 되었을 것이고, 알렉산더 대왕(Alexander the Great)이나 칭기즈 칸(Genghis Khan) 같은 왕이 되었을 것이다.

그러나 인류의 죄를 용서하여 주는 오늘날의 기독교는 탄생하지 못했을 것이다. 변수는 더 많이 있을 수 있지만 사람들의 생각과 하나님의 섭리가 극명히 갈리는 사건이라고 할 수 있다.

"이는 내 생각이 너희의 생각과 다르며 내 길은 너희의 길과 다름이니라 여호와의 말씀이니라 이는 하늘이 땅보다 높음 같이 내 길은 너희의 길보다 높으며 내 생각은 너희의 생각보다 높음이니라"(이사야 55:8,9)

우리 역사와 주변에 하나님의 섭리를 의심케 하는 많은 사건들이 있다.

"하나님이 계신다면, 하나님의 백성 유대인들이 나라 없이 2,500여 년이나 온 세상의 조롱을 받고 나치 독일의 가스실에서 6백여만 명이나 죽는 일이 일어날 수 있느냐?"라고 말하는 사람들이 많다. 그러나 이 일은 이미 하나님께서 구체적으로 경고하신 일이다. 솔로몬 왕에게 하나님은 여러 차례 경고하셨다.

"내가 네게 명령한 대로 법도와 율례를 지키면 이스라엘 왕위를 영원히 견고케 하리라 만일 너희가 나를 따르지 않고 다른 신을 섬기면 모든 민족 가운데 속담거리와 이야기거리가 될 것이다"(열왕기상 9:4~7)

그러나 하나님의 경고에도 불구하고 솔로몬 왕과 그 후손 왕들은 이방 신들을 섬기고 하나님을 떠났다. 결국은 나라가 남과 북으로 갈라지고 바빌론과 로마에게 멸망하는 하나님의 징계를 받게 된다.

"내가 칼과 기근과 전염병으로 그들을 세계 여러 나라 가운데에 흩어 학대를 당하게 할 것이며 내가 그들을 쫓아낸 나라들 가운데에서 저주와 경악과 조소와 수모의 대상이 되게 하리라"(예레미야 29:18)

하나님의 섭리는 이렇게 시간이 오래 걸려도 이

루어진다.

하나님이 직접 말씀하시고 다스리던 시대, 사사
나 선지자를 통하여 말씀하시던 시대가 있었다. 예
수님이 오신 후로는 하나님은 직접 우리에게 말씀
하시지 않는다. 우리는 하나님의 뜻을 알기 위하여
기도한다. 그러나 하나님의 뜻을 아는 것은 쉽지
않은 일이다.

기도와 기록된 하나님의 말씀에 순종함으로 하
나님의 뜻을 깨닫게 되기를 바란다.

제 4 장

하나님의 말씀 에너지

성경 읽기에 재미가 나서 신약을 읽고 구약에 들어서자마자 창세기에서 딱 걸렸다. "하나님이 말씀하시니 그대로 우주 천지 만물이 만들어졌다"라는 것이다.

아무것도 없는데 만물이 만들어졌다니?

필자에게 제일 문제가 되었던 구절이다.

처음에는 신화 정도로 여기고 그냥 넘어갔다.

주변 사람들에게 이야기해도 대체로 크게 신경을 쓰지 않는 눈치였다.

목사님들은 "하나님은 전능하시므로 무에서 유

를 만드실 수 있다"라는 식으로 말씀하셨다. 또한 "성경을 온전히 받아들이지 못하면 올바른 신앙을 갖기 어렵다. 성경은 한 점 오류가 없다"라고 하니 더욱 문제가 되기 시작했다.

그렇게 고민하면서 수년을 지냈는데, 어느 날 거리의 아이들이 입고 다니는 셔츠에 쓰인 공식이 눈에 들어왔다.

$$E = mc^2$$

우리에게 익숙한 아인슈타인(Albert Einstein)의 「특수 상대성이론」의 대표적 공식이다.

'방사능 물질이 붕괴될 때 약간의 질량 손실이 생기는데 빛의 속도의 제곱만큼 큰 에너지가 나온다'는 공식이다.

원자폭탄과 원자력 발전의 기초가 되는 이론이다. 그런데 그날 필자에게는 물질과 에너지가 같다는 공식으로 보인 것이다.

'그렇구나! 하나님은 무에서 유를 창조하신 것이
아니다.'

무한하신 에너지이기도 하신 하나님의 말씀으로
천지의 물질을 만드신 것이다.

'전쟁터에서 새파랗게 젊은 소대장의 "돌격! 앞
으로!"라는 명령은 빗발치는 총알을 뚫고 소대원
들을 전진시키는 힘이 있는데, 하물며 하나님의 말
씀 능력으로 왜 천지를 만들지 못하겠는가!'

이 생각이 머리를 강타했다. 껍질을 깨고 나오는
희열이 전해졌다.

하나님! 감사합니다.

물질과 에너지가 같다는 것을 온전히 이해한다
면 세상은 크게 변할 것이다. 즉 에너지가 물질을
만들 수 있으므로 물질을 에너지로 변환시켜 다른
곳으로 전송할 수 있는 것이다. 공상과학영화『스
타트랙』에 이 장면들이 나온다. 특정 장치 밑에 서

면 사람이 없어지고 다른 곳에서 나타나는 것이다.

"태초에 말씀이 계시니라… 이 말씀은 곧 하나님이시니라"
(요한복음 1:1)
"말씀이 육신이 되어 우리 가운데 거하시매 우리가 그의 영
광을 보니 아버지의 독생자의 영광이요 은혜와 진리가 충
만하더라"(요한복음 1:14)
필자는 이 성경 구절 하나만으로 노벨 물리학상
과 문학상을 동시에 받기에 충분하다고 생각한다.

태초에 아무것도 없는 가운데 말씀이 있었고, 곧
하나님이라는 광경을 생각해 보니 태초의 모습이
보이는 듯하다.
"말씀(에너지)이 육신(물질)이 되었다"는 논리는
가히 상상을 초월하고 전능하신 하나님만이 하실
수 있는 일인데 그것을 글로 기록해 놓은 것이다.

아인슈타인 박사가 칠판 가득히 어려운 수학 기

호로 설명하는 내용을 하나님께서 매우 평이하게 말씀하셨는데 우리는 역시 그 참뜻을 이해하지 못했다. 하루 종일 곱씹어 보아도 어떻게 이런 글을 쓸 수 있을까 경탄을 금할 수 없다.

한번 눈이 떠지고 나니 여태 보이지 않던 내용들이 보이기 시작했다. 창세기 1장에 등장하는 천지 창조의 순서는 현대 천체물리학에서 말하는 내용과 순서가 같다. 태초에 우주는 텅 비어 있고, 흑암이 깊음 위에 있다는 표현은 블랙홀(Black Hole)을 표시한 것 아닐까?

"하나님의 영이 수면 위에 운행한다"라는 말도 설명이 된다. 물은 수소와 산소 원자의 결합체이다. 우주 천체학에서는 최초에 수소 원자가 모여 뭉치기 시작했다고 하니 아주 연관이 없는 것은 아니다.

성경이 여러 언어로 번역되어 왔으니 단어 자체

에 매달릴 필요는 없다.

"빛이 있으라 하니 빛이 생겼다"라는 것은 경이
롭고 경이롭다. 기뻐 혼자 소리치고 싶다.

"유레카(Eureka)!"

제 5 장

갓 창조된 아담의 나이는?

　교회에 출석하면서 학교에서 배운 것과 다를 때 어려움을 느낀다.

　학교에서는 지구의 나이는 45억 년이고, 인간이 지구상에 나타난 것은 250만 년 전이라고 배웠다.

　성경에는 하나님이 천지를 6일 만에 창조하시고, 아담으로부터 예수님의 조상의 나이가 전부 기록되어 있다.

　창세기에 나오는 첫째 날이라고 하는 말은 '욤'인데 이 말은 '24시간', '시간' 또는 '시대'라는 뜻으로 사용된다. 신학에서는 여러 학설이 있지만 통상

'24시간'이라는 개념으로 쓰인다. 이렇게 계산하면 천지 창조부터 지금까지 대략 8,000여 년이라는 기간이 나온다고 한다. 학교에서 배운 것과 큰 차이가 난다.

어느 날 「천지창조」라는 미켈란젤로(Michelangelo)의 그림을 보던 중에 문득 깨달음이 왔다.

하나님은 아담을 건장한 청년으로 만드셨다. 아기로 만드신 것이 아니라 곧 결혼 적령기의 신체로 만드시고 "보시기에 매우 좋으셨다"라고 했다.

막 창조된 아담의 나이는 몇 살인가? 방금 만들어졌으니 0살 또는 한 살이겠지. 그러나 신체검사 기준으로 측정한다면 18살 청년 정도가 아닐까!

같은 이치로 '하나님께서 천지를 만드실 때 45억 년 정도 되는 지구를 만드셨다'고 해도 논리는 모순이 없다. 이런 간단한 문제를 혼자 고민했다니 실로 창피한 노릇이다.

고고학에서는 연대를 측정하는 방식으로 탄소동위원소 측정법과 우라늄의 반감기를 이용하는 방식이 사용된다.

대기 중에는 미량의 방사성탄소-14(14C)가 있다. 이것은 안정한 동위 원소인 12C와 함께 생물조직 내에 있는데 윌러드 리비(Willard Frank Libby) 박사는 조직 내에 흡수된 14C의 반감기가 5,570년인 것을 이용하여 그것의 잔존 방사능을 측정함으로써 방사성 탄소에 의한 연대측정법을 발명했다.

유기물질에 흡수된 방사능 탄소는 보충되지 않고 붕괴하기 시작한다.

즉 5,570년마다 반으로 줄어든다. 그러므로 남아있는 방사능 탄소의 양을 측정하면 활동을 멈춘 시기를 대략 알 수 있다. 마찬가지로 우라늄 238은 시간이 흐르면서 토리움이나 다른 물질로 변하기 시작하여 마침내는 가장 안정한 납이 된다. 이

방식은 우라늄의 반감기가 10억 년 이상으로 매우 길기 때문에 아주 오래된 연대를 측정하는 데 사용된다.

그러나 이 두 가지 방식은 측정하고자 하는 당시에 공기 중의 탄소 14의 양이 현재와 같다는 전제가 필요하다. 그러나 노아의 홍수와 같이 지구 환경의 대변화가 있었던 것을 생각하면 장담하기 어렵다.

우라늄의 경우도 처음에 우라늄이 모두 우라늄 238의 형태로 있었다는 전제가 필요하다. 그러나 처음부터 여러 동위원소 우라늄이 존재했다면 이야기는 달라진다. 과학의 출발은 전제 조건이 옳아야 한다.

제 6 장

하나님의 심판

창세기에는 "세상에 악이 가득 차서 하나님께서 물로 심판하셨다"라는 기록이 있다.

성경에는 40일 동안 비가 내려 온 세상이 150일 동안 물에 잠겨 노아의 방주는 물 위에 떠 있다가 물이 빠져 육지가 생기고, 다시 이 땅에 노아의 가족 8명으로부터 사람이 번식해서 살기 기록되어 있다.

우선 "40일간 비가 온다고 해서 높은 산까지 다 물에 잠길까?"라는 의문이 든다.

창세기 1장 6~7절에는 궁창을 만드시고 궁창 아래의 물과 위의 물로 나누셨다고 한다. 궁창은 옛말로 '하늘'을 뜻한다. 노아의 홍수 때 장맛비 정도가 아니라 하늘에서 구멍이 난 듯 하늘 위의 물이 폭포수처럼 다 쏟아져 내린 것이다. 하늘의 창들과 깊은 샘이 터졌다고 기록되어 있으므로 화산이나 큰 지진이 일어났다고 볼 수 있다.

성경에 보면 그 당시 사람들은 900살 정도 살았다. 홍수 이후 사람들의 수명은 급격히 짧아졌다.

하나님의 영이 사람들을 떠나서 앞으로는 120살밖에는 살지 못한다고 하신 것이다(창세기 6:3).

지구를 둘러싸고 있던 물의 층이 노아의 홍수로 인하여 사라짐으로써 인간의 수명이 짧아진 것이다. 우주로부터 오는 해로운 자외선과 방사선을 막아주지 못하게 된 것이다.

에덴동산에서는 옷을 입지 않아도 되는 기후였다.

지금도 극지방이나 시베리아에서 석탄, 석유, 맘모스 뼈 등이 발견되는 것은 당시에는 산림이 울창하고 동물들도 많이 살았다는 증거이다. 온 지구가 아열대성 기후였으리라고 추정된다.

"안개만 땅에서 올라와 온 지면을 적셨더라"(창세기 2:6)

이는 지구 전체의 온도가 동일하여 바람이 불지 않았다는 뜻으로 기상전문가가 할 수 있는 말이다. 성경의 구절들을 하나하나 잘 살펴보면 앞뒤가 서로 잘 받쳐주고 있다.

노아가 방주를 지은 기간은 정확하지 않다.

노아가 세 아들을 낳기 시작한 때는 500살부터였다. 이들이 자라서 부인을 얻기까지는 25~30년이 걸렸을 것이다. 홍수가 터진 때는 노아의 나이 600살 때였다. 그렇다면 노아가 하나님의 말씀을 따라 방주를 지은 기간은 70년 이상이었을 것이다.

하나님 말씀을 믿고 세상 사람들이 잘못되어 가

고 있음을 알리고, 이처럼 오랜 기간 순종함으로써 노아는 히브리서에 믿음의 조상의 반열에 올랐다.

필자가 근무하던 「한국기계연구소」 소속 대덕 연구단지의 「선박해양연구소」에서는 1992년 「창조과학연구회」의 의뢰를 받아서 노아의 방주 1/50 축소 모델로 선박 안정성 실험을 한 바 있다.

이를 통해 지금까지 관측된 최고 높이 30m 파도에도 견딜 수 있고 비슷한 부피의 여러 모형 중 가장 안정된 설계라는 것을 입증했다. 이 결과는 1993년 초 국내 여러 신문에 게재되었다. 하나님 의 뛰어난 설계를 현대 공학이 입증한 것이다.

마지막으로 노아의 홍수 이후 8명으로부터 오늘 의 인구가 가능한가?

우선 인간이 250만 년 전에 지구에 나타났다고 가정한 후 인구 증식 공식에 대입해 보면 아무리 작게 잡아도 도저히 상상할 수 없는 숫자가 나온다. 성경 기록이 훨씬 더 현실적이다.

노아의 손자들 이름은 유럽의 고대 지명과 민족 이름에 남아있다.

지구 여러 곳에는 높은 산의 호수가 바닷물과 같이 짠 곳이 여러 곳 있다.

소금 광산도 많다. 남미 볼리비아(Bolivia)에 가면 우유니 소금 사막이 있다. 고도는 3,660m이고 크기는 경기도만 하다. 이는 온 세상이 바다에 잠겼던 또 하나의 증거이다.

중국 황산에 다녀온 주일날 가정 예배에서 "황산처럼 높은 산도 다 물에 잠겼다"라고 했더니 초등학교 3학년 손자가 "물고기도 다 죽었나요?"라고 물었다. 귀여운 질문이다.

6학년인 큰 손자는 "지구 반대편 바닷물은 어떻게 됐나요?"라고 물었다. 좋은 질문이다. "예배 끝나고 설명해 줄게"라고 했더니 "나는 알지롱. 중력 때문에 괜찮아요"라고 말했다. 자기 지식을 자랑하고 싶은 것이다. 콜럼버스 시대의 지식인보다 손자가 더 낫다.

제 7 장

하나님의 설계

성경은 하나님께서 흙으로 사람을 만드셨다고 기록하고 있다.

이 대목은 쉽게 받아들이기 어렵기에 비슷한 비유를 들어보겠다.

"컴퓨터는 모래로 만들었다."

이 말도 받아들이기 쉽지 않다.

컴퓨터에서 가장 중요한 것은 반도체 메모리 칩인데 이는 99.9995% 고순도의 Si 단결정으로 만들어진다. 이 실리콘이라는 원소는 모래(SiO_2) 속에 가장 많이 들어 있다. 이런 식의 표현이라고 생각한다.

성경은 오래전에 기록되기도 했지만, 핵심이 되는 내용만 기록되어 있다.

역사는 영어로 History라고 한다. 필자는 이를 His story, 즉 예수님의 이야기로 이해하기도 한다.

성경에 나오는 족보는 대개 맏아들 이름들로 이어진다. 예수님도 형제가 있었지만 예수님에 관한 이야기만 기록되어 있다.

'하나님께서 사람을 흙으로 만들었다'는 표현을 이런 점들을 감안해 이해하면 좋겠다.

사람이 죽으면 다시 원재료인 흙으로 돌아간다.

"이 몸이 죽고 죽어 일 백 번 고쳐 죽어 백골이 진토 되어 넋이라도 있고 없고…."

정몽주의 시에 나오듯이 흙이 된다.

"하나님이 생기를 코에 불어넣으시니 사람이 생령이 되니라"(창세기 2:7)

흙으로 사람을 만드시고 생령이 되는 그 자세한 창조 과정이 기록되어 있지 않지만, 이제 과학자들은 조금씩 그 비밀을 밝혀내고 있다. 우리가 빌딩을 지을 때 설계도를 만들 듯이 하나님께서 사람을 만들 때도 규칙에 따라 설계하셨다는 사실을 밝혀낸 것이다.

1953년 과학 저널 『네이처』에 20세기 생명과학계의 최대 사건인 「DNA 이중나선의 구조도」가 실렸다. 이중나선 구조 발견의 주인공은 미국의 와슨(James Dewey Watson)과 영국의 크릭(Francis Harry Compton Crick)이다. 본문은 한 페이지 밖에 안 되는 짧은 분량이었지만, 20세기 최대 생물학적 성과로 이로부터 20세기 분자생물학의 새 장이 열렸다. 유전정보를 담은 DNA는 생체 안에서 이중나선을 이루고 있다. 나선 안쪽으로 4가지 염기(아데닌, 티민, 구아닌, 시토신)가 달려 있다. 이 염기의 순서가 바로 생명체의 유전정보다.

DNA 1g에는 염기(A, T, G, C)가가 1,021개 들어 있다. 이를 메모리로 환산하면 10억 테라비트(Tb, 1Tb=1,012b)에 해당하는 엄청난 정보량이다. 생명에 대한 모든 정보는 DNA 속에 담겨 있다. DNA가 모여서 유전자를 만든다. 이 DNA에 따라 사람의 모든 것이 정해진다. 부모의 모습을 닮는다든지, 유전 질병이 전해진다.

요즘은 이 염기 서열을 인위적으로 편집해서 병을 예방하는 수준에 이르고 있다. 여성 과학자 두 명이 2020년 「크리스퍼-카스 9」 유전자 가위를 개발한 공로로 노벨 화학상을 공동 수상했다. 하나님의 창조 비밀을 인간이 알아낸 것이다.

금속 물질의 구조는 의외로 간단하다.

체심 입방체는 입방면체의 꼭짓점에 원자가 하나씩 있고 입방체의 중심에 원자가 있는 구조이다. 철(Fe), 크롬(Cr) 등이 이 구조이다. 면심입방체는

꼭짓점과 각 면에 원자가 위치하는 구조이다. 구리
(Cu), 알루미늄(Al), 금(Au) 등이 이 구조이다. 다
음은 육방면체의 꼭짓점에 원자가 위치한다. 마그
네슘(Mg), 아연(Zn) 등이 이 구조이다. 하나님이
물질을 만들 때 비교적 간단한 원칙을 가지고 설계
하신 듯하다.

자연에 존재하는 힘도 4가지뿐이다.
(1) 중력은 질량을 가진 물체가 서로 당기는 힘
    이다.
태양을 중심으로 행성이 돌고 있는 것도 만유인
력으로 중력이다. 지구 반대편의 태평양 바닷물이
쏟아지지 않고 붙어 있는 것이 중력의 힘이다. 블
랙홀도 질량이 큰 물체가 빛을 잡아당겨서 생긴 결
과이다.
(2) 전자기력은 전하를 가진 입자에 작용하는 힘
    이다.
(3) 강한 핵력은 원자들 사이에 작용하는 힘

이다.

(4) 약한 핵력은 전자, 중성자, 양성자 등 원자를 이루는 입자들 사이에 작용하는 힘이다.

그런데 재미있는 것은 이들 힘의 크기를 나타내는 공식이 다 비슷하다는 것이다.

즉 입자의 질량의 곱에 비례하고, 두 입자의 거리의 제곱에 반비례한다는 것이다.

아인슈타인은 이에 착안하여 이들 힘을 하나의 공식으로 나타내려는 「통일장이론」을 연구해서 현대 물리학의 발전에 크게 기여했다.

지구 등 행성이 태양을 중심으로 돌고 있는 모습이다. 원자의 구조인 핵을 중심으로 전자가 돌고 있는 구조와 똑같다는 사실이 흥미롭다. 하나는 매우 크고 하나는 대단히 작지만 원리는 같다.

「통일장이론」은 아직 연구 중이지만 하나님께서는 천지를 창조하실 때 크나 작으나 일정한 설계를 이용하셨다는 것이다.

요즘은 아담의 갈비뼈로 하와를 만드셨다는 대목을 이해하지 못하는 사람이 거의 없다. 복제 양 '돌리'가 나온 이후로 우리 인간들은 온갖 동물은 물론 사람까지도 복제할 기술을 갖게 된 것이다.

　현미경과 각종 기술의 발달로 우리는 임신이 되는 과정을 자세히 알게 되었고, 이를 바탕으로 시험관 아기도 보편화되었다. 여러 가지 이유로 남자 없이도 출산이 가능한 시대에 살고 있다. 동정녀 마리아에 대한 의문도 상당 부분 해소된 것이다.

　"예수님의 부활이 사실인가?"라는 중요한 문제에 대해서는 추후 좀 더 자세히 쓸 예정이다. 그러나 인간은 아직 죽음이라는 과정을 이해하지 못하고 있기 때문에 직접 구체적으로 설명할 수는 없지만, 기록된 역사적 사실이라는 것 말고도 앞서 살펴본 것처럼 하나님의 능력을 우리가 알 수 없는 일일 따름이다.

제8장

진화의 법칙인가?
진화론인가?

창조 이야기를 하자면 자연히 진화에 대한 이야기도 나온다.

"또 그 이야기인가?"라고 할 수 있지만, 중요한 대목이므로 언급하려 한다.

우선 "왜 아직까지도 진화론, 창조론이라고 할까?"라는 문제이다.

원리나 과정이 증명되었다면 「진화의 법칙」이거나 「창조의 법칙」이라고 해야 한다. 그러나 아직도 서로 주장하는 이론에 머물러 있다는 이야기이다. 일반인들은 막연히 「진화론」이 과학적이라고 생각하기도 한다. 반면 하나님이 말씀으로 천지와 온갖 생물들을 만들었다는 「창조론」은 신화적이라고 생각하기도 한다.

오스트리아의 수도사인 멘델(Gregor Mendel)이 1865년에 완두콩 실험을 통하여 「유전 법칙」을 발표했다. 생명체의 특성인 형질은 유전자를 통하여 결정된다는 것이다.

우리 속담대로 "콩 심은 데 콩 나고 팥 심은 데 팥 난다"라는 이야기이다.

다윈(Charles Robert Darwin)은 1859년 진화론의 기초가 되는 「종의 기원」을 발표했다. 남미의 갈라파고스 섬에 사는 핀치새의 부리가 고립된 환경에서 먹이에 따라 다르게 변화한다는 것을 관찰하고, '생물은 자연환경에 적응하여 변이가 생기고 부적합한 변이는 사라지고 적합한 변이는 후대로 계승되어 진화한다'는 내용이다.

나아가 원숭이가 환경에 적응해 사람으로 진화했을 수 있다고 주장함으로써 그간의 창조설을 뒤집는 큰 충격을 던졌다. 이 진화론은 우생학에도 영향을 끼쳐 히틀러의 유대인 학살의 이론적 근거를 제공하기도 했다.

진화론을 축약해서 설명한다면 우연히 단백질이 만들어져서 중합체 반응을 거쳐 생명체가 되고, 오랜 시간이 지나서 연체동물로, 척추동물로, 물속 생물이 지상으로 올라와서 각종 생물로 진화했다는 이론이다. 그러나 앞서 살펴본 바와 같이 DNA와 유전자들이 유전을 결정하고, 부모에게 없는 유전자는 후대에 전해지지 않는다는 것을 멘델의 유전 법칙이 증명하고 있다.

창조론 역시 「소진화(Micro evolution)」를 인정하고 있다. 개나 말이라는 하나의 종(種) 안에서도 여러 가지 종류가 있을 수 있다는 것이다. 그러나

참새가 제비에게 연정을 품지 않듯이 종이 다른 생
명체는 유전이 되지 않는다.

말과 당나귀가 교배하여 잡종 강세로 노새가 생
기고, 호랑이와 표범이 교배하여 변종이 생기지만
신기하게도 이들은 생식 능력을 갖지 못한다. 다윈
의 주장과 달리 변이는 유전되지 않는 것이다. 하
나의 종에서 다른 종으로의 대진화는 없다는 것
이다.

진화론의 결정적 약점은 진화 중간 단계의 화석
이 없다는 것이다.

교과서에도 나오는 시조새가 유력한 증거라고
할 수 있다. 물개는 수중 생물이 진화했다는 증거
처럼 보이지만 다른 물개들은 다 진화해서 육지로
갔는데 우리가 보는 물개는 그동안 무엇을 하고 있
었는가?

원숭이도 마찬가지이다.

호주에는 오리너구리라는 동물이 있다. 오리처럼 부리가 있고 물속에서 생활하는데 비버처럼 털이 있는 꼬리가 있다. 포유류인데 알을 낳는다. 진화 중간 동물일까?

우리 사람들도 지금도 진화하는 과정 중에 있는 것일까?

미국에서는 '학교에서 창조론을 가르쳐야 하는가?'라는 문제로 법원에서 재판이 열리기도 했다. 우리는 창조 과정을 알 수 없기 때문에 자세히 설명하거나 증명할 수는 없다. 그러나 진화론 역시 법칙으로 받아들이기에는 증거가 불충분하고 논리의 비약이 많다.

제 9 장

인간의 원죄

하나님께서 자신이 만들고 기뻐하셨던 인간과 세상을 물로 심판하신 노아의 홍수 사건을 생각하면 "전지전능하신 하나님께서 왜 미리 막지 못하셨을까?"라는 의문이 생긴다. "먹으면 정녕코 죽으리라"라고 말씀하신 선악과를 아담이 먹는 것을 막았더라면 인간의 원죄도 생기지 않았을 텐데…. 신학에서 말하는 예정론이 여기에도 적용되는 것일까?

필자는 로봇 전문가이다.

로봇은 프로그램을 설계한 대로 동작한다.

하나님께서 사람을 창조하시고 매우 기뻐하셨는데 로봇을 만드신 것이 아니고 자유의지를 가진 사람을 만든 것이다. 프로그램된 행동이 아니라 스스로의 의지로 하나님을 경배하고 사랑하는 것을 좋아하신다.

아담의 원죄와 더불어 노아의 홍수로 심판하시고 또 소돔과 고모라 성을 멸망시킨 것은 인간이 하나님의 뜻을 따르지 않은 것을 심판하신 것이다. 인간의 죄가 하나님의 예정에 없었다는 것을 보여주는 말씀이 있다. 노아의 홍수 이전 세상이 악으로 가득 찬 것을 보고 하신 말씀이다.

"땅 위에 사람 지으셨음을 후회하시며 마음 아파 하셨다"

(창세기 6:6-새번역)

하나님께서 후회하셨다.

또 아브라함에게는 소돔과 고모라 성안에 의인이 50명 아니 45명, 40명, 30명, 20명, 마침내 열

명이라도 있으면 멸망시키지 않으시겠다고 양보하신다.

하나님께서 마음을 바꾸신 유명한 사건이 또 있다.

히스기야의 기도를 듣고 그의 생명을 15년이나 연장시켜 주신다(이사야 38:5).

하나님은 정해놓으신 생명도 연장해 주시는 면모도 갖고 계신다.

지각변동을 일으키고 하늘의 창을 열어 물로 온 세상을 심판하신 무서운 하나님이시지만, 우리의 기도를 들으시고 응답해 주신다. 무서운 하나님이지만 하나님이 좋아하시는 사람들을 이렇게 규정하신다.

"나의 손이 이 모든 것을 지었으며, 이 모든 것이 나의 것이다. 겸손한 사람, 회개하는 사람, 나를 경외하고 복종하는 사람, 바로 이런 사람을 내가 좋아한다"(이사야 66:2-새번역)

각자 자기를 비추어 생각해 볼 일이다.

아주 어려운 일도 아니다. 보통의 교회 성도라면 다 해당되는 성품이다.

또한 심판할 사람도 말씀하셨다.

"내가 그렇게 불렀으나 그들이 응답하지 않았으며, 내가 그렇게 말하였으나 그들이 듣지 않았으며, 오히려 내가 보는 데서 악한 일을 하며, 내가 좋아하지 않는 일을 골라 하였기 때문이다"(이사야 66:4-새번역)

아담은 선악과를 먹고 하나님과 같아지겠다는 욕심을 가졌다.

욕심은 죄를 낳고 죄는 점점 자라 사망을 가져온다.

"욕심이 잉태한즉 죄를 낳고 죄가 장성한즉 사망을 낳느니라"(야고보서 1:15)

사망과 심판은 하나님이 예정하신 일이 아니다.

인간의 욕심으로 인하여 생긴 일이다.

노아의 할아버지 므두셀라는 기록된 사람 중에

가장 오래 살았다.

　노아의 홍수가 나던 해에 969살로 죽었다. 하나님께서 심판을 가능한 대로 늦추시려고 참고 또 참으신 것이리라.

제 10 장

한자는 창세기로부터

한자는 B.C. 2,500여 년 전에 중국에서 갑골문 자로부터 시작하여 표의(表意)문자로 발달해 왔다. 우리나라에 전해진 초기 성경도 한자로 쓰인 중국 성경을 번역한 것이다. 그러나 공산당이 집권한 이 래로 교회를 탄압해서 중국의 청·장년들은 성경을 읽어 보지 못한 사람들이 대부분이다. 중국인들은 그들의 한자가 성경과 깊은 관계가 있다는 것을 전 혀 모르고 있다.

그러나 신기하게도 한자는 창세기의 여러 부분들 을 나타내고 있는데, 필자가 「한국창조과학회」 회원으로서 아래는 「한국창조과학회」 자료를 인용했다.

날 생(生) 자는 흙(土)으로 사람(人)을 지으셨다는 이야기를 나타내고 있다(창세기 2:7).

금할 금(禁) 자를 살펴보자.

"여호와 하나님이 그 사람(아담)에게 명하여 가라사대 동산 각종 나무의 실과는 네가 임의로 먹되 선악을 알게 하는 나무의 실과는 먹지 말라 네가 먹는 날에는 정녕 죽으리라 하시니라"(창세기 2:16,17)

이것이 한자에 잘 나타나 있다.

선악과나무(木)와 생명의 나무(木) 사이에 하나님(示)이 나타나셔서 금지명령을 내리신 그 광경 그대로 그려놓은 것이다.

조상을 뜻하는 조(祖) 자는 하나님을 의미하는 시(示) 자와, 같다는 의미인 차(且) 자를 합해서 만든 글자이다.

"하나님이 자기 형상 곧 하나님의 형상대로 사람을 창조하

시되 남자와 여자를 창조하시고"(창세기 1:27)

처음 조상인 아담과 하와는 하나님과 같은 형상으로 창조되었다고 기록되어 있다.

밭 전(田) 자는 에덴동산에 네 개의 강이 흘러나오는 것을 담고 있다(창세기 2:10~14).

"이에 그들의 눈이 밝아 자기들의 몸이 벗은 줄을 알고 무화과나무 잎을 엮어 치마를 하였더라"(창세기 3:7)

이와 관계된 한자인 벌거숭이 라(裸) 자를 보면, 옷 의(衣) 자와 과실 과(果) 자가 합쳐져 있다.

성경을 떠나서 생각한다면 과일이 나체라는 것과 무슨 관련이 있는가?

선악과를 먹은 후에 그들은 벌거벗었다는 것을 인식한 것이다.

노아의 홍수 때 여덟 명이 방주에 탔다고 기록되어 있다.

"곧 그 날에 노아와 그의 아들 셈, 함, 야벳과 노아의 처와 세 자부가 다 방주로 들어갔고"(창세기 7:13)

배 선(船) 자는 배(舟)에 여덟(八) 명이 입구(口)에 탄 것을 뜻한다. 그리고 노아의 가족 여덟 명이 탔다는 것이 한자(漢字)에 기록되어 있는 것이다.

처음이라는 뜻의 초(初)라는 글자는 참으로 신기하기만 하다.

처음이라는 뜻에 왜 옷 의(衣) 자와 칼 도(刀) 자를 사용했는가?

하나님께서 아담과 하와를 차마 죽일 수 없어서 짐승을 죽여 가죽 옷을 입혀서 에덴동산에서 추방한다(창세기 3:21).

낙원인 에덴동산에서 처음으로 생명을 죽이는 일이 벌어진 것이다.

흉악할 흉(兇) 자를 보자. 가인이 아벨을 죽인 후 쫓아내시며 표를 주셨다고 성경은 기록하고 있다

(창세기 4:15).

형(兄)이라는 글자에 죄수들에게 표시하는 'x'라는 표를 더한 것이다.

높은 탑(塔)은 바벨탑을 쌓는 과정을 나타낸다. 흙(土)과 풀(艹)을 섞어 벽돌을 만들고 모든 사람(人)이 한목소리(一 그리고 口)로 힘을 합쳐 하늘에 닿는 탑을 쌓아 하나님께 대적하려고 했던 것이다.

이에 하나님께서 그들을 온 지면에 흩어 언어를 혼잡하게 하셨다(창세기 11:9,10).

어지러울 란(亂) 자는 천(千) 개의 입(口)으로 흩었다는 것을 나타내고 있다. 오순절 성령 강림 이후에 각 사람들이 자기가 태어난 곳의 방언으로 서로 말함으로 언어를 혼잡하게 하신 것을 회복하셨다.

하이라이트는 옳을 의(義) 자이다.

글자를 풀어보면 어린 양(羊) 아래에 나 아(我) 자를 쓴 것이다. 예수님께서 나를 위하여 돌아가심으로 하나님께서 의롭지 않은 나를 의롭다고 칭해주신다는 기독교의 가장 핵심이 되는 교리 「칭의(稱義)」 사상이다.

필자의 이름에도 의(義) 자가 들어 있는데, 이 이름은 어머니께서 지으셨다고 한다.

당시 어머니는 기독교인이 아니었지만 그저 감사할 따름이다.

필자의 사위는 중국인 한족(漢族)이다. 이 성경 속의 한자 이야기는 사위에게 성경의 신뢰성을 한층 높여주는 계기가 되었다. 주기도문을 중국어로 술술 외우는 손자들에게도 마찬가지이다.

한자가 창세기 이야기를 나타낸다는 것은 한자를 만든 중국인들의 조상이 아담과 하와의 자손이며, 노아의 홍수 등 창세 때 기억을 공유하고 있다는 것을 강력하게 입증하고 있다.

제11장

하나님의 기적들

신약 성경에 나오는 기적들을 어떻게 받아들여야 하는가?

동정녀 마리아로부터의 예수 탄생, 예수님이 혼인잔치에서 물을 포도주로 바꾼 일, 태어날 때부터의 소경이나 앉은뱅이를 고쳤다고 하는 일, 생선두 마리와 떡 다섯 덩어리로 수천 명을 먹였다는 이야기, 갖가지 환자들을 고치고, 죽은 소녀를, 또 죽은 지 며칠이나 되는 나사로를 살린 이야기 등의 기적을 말하는 것이다.

필자와도 개인적 친분이 있었던 한동대학교 총장을 지내신 故 김영길 박사는 오병이어 기적이 「질량 불변의 법칙」 위반이라고 고민했다.

자연과학자들은 「만유인력의 법칙」, 「유전 법칙」 등을 진리로 받아들인다. 이것들은 하나님께서 만드신 자연현상을 연구해서 그것을 법칙으로 정한 것이다.

김 총장은 혼자 방에서 온종일 고민하다가 예수님을 구주와 주님으로 영접하기로 결심했다. 그는 예수님이 우리와 차원이 다르다고 받아들였다. 부인 앞에 무릎을 꿇고 주님을 구세주로 받아들이는 신앙고백을 했다.

기적은 우리 지식으로 받아들일 수 없는 일이 일어난 것이지만, 차원이 다른 하나님이나 예수님은 하실 수 있다고 생각을 바꾼 것이다.

필자의 글을 받아보는 한 친구는 저명한 공학박

사로 신실한 기독교인이다.

그는 글을 받아보고, "글을 보내 주는 것은 고맙지만 전능하신 하나님을 믿으면 되지, 애써 과학적으로 설명하려는 것이 오히려 불편하다"라고 한다. 이러한 그의 믿음을 부러워할 따름이다.

창세기에 나오는 쉽게 믿기지 않던 사건들도 과학이 발달하면서 설명이 가능해진 바 있다.

아담의 갈비뼈로 하와를 만든 것을 믿을 수 없다고 했지만, 지금은 우리도 어렵지 않게 양, 개 심지어 인간도 복제를 할 수 있게 되었다.

문제의 본질은 전능하신 하나님을 우리의 제한된 지식으로 가능, 불가능을 가늠하려는 데 있다.

콜럼버스 시대의 사람들은 대서양을 횡단하는 데 반년 이상이 걸렸지만, 지금은 300여 명의 승객들이 반쯤 누워서 몇 시간 만에 포르투갈에서 뉴욕에 도착할 수 있다. 그 당시 사람들에게는 기적이라고 불릴만한 사건이다.

  필자 가족과 친하게 지내던 한 복음 가수는 이렇게 하나님을 찬양하고 있다.
"하나님이 망망대해 태평양이라면,
우리는 한 컵의 물보다 작다.
하나님이 장엄한 히말라야산맥이라면,
우리는 계곡에 있는 작은 돌멩이보다도 작다."

  우주의 비밀을 설명했던 아인슈타인(Albert Einstein)은 "나는 하나님의 창조의 대양에서 해변에서 모래 장난하는 아이에 지나지 않는다"라고 말했다. 우리와 하나님의 능력 차이를 측량할 수도, 견주어 말할 수도 없는 것이다. 우리 각자의 말로 하나님과 나의 크기 차이를 말해보면 좋을 것 같다.

  이 부분에서 창세기로 잠시 돌아가 보자.

하나님이 천지와 인간을 창조하셨다. 이것을 믿을 수 있다면 그다음은 쉽다.

다시 말해서 자연법칙을 만드신 분이라면 그 법칙을 뛰어넘을 수도 있다는 것을 인정할 수 있다. 또 한편으로는 '그런 것도 못 하는 하나님이 하나님일까?' '우리가 그런 하나님을 믿을 필요가 있는가?'라는 생각을 할 수도 있다.

말은 뛰어넘기 어려운 가슴 높이에 울타리가 있으면 간혔다고 생각한다.

사람은 3차원적 존재이다. 사람을 문이 없는 방 안에 가두면 출구가 없다고 생각한다. 부활 후 예수님은 사람들이 모인 방에, 또는 갈릴리 해변에 홀연히 나타나셨다.

3차원을 초월하신 분이라면 가능한 일일 것이다. 문명의 발전으로 예전에는 기적이라고 불릴 수 있는 일들이 가능하게 됐다. 멀리 떨어져 있는 가족들과 실시간으로 영상 통화가 가능한 것 등의 현대 기술은 예전에는 기적과 같은 일들이다.

중세 사람들이 당시에는 가장 뛰어난 지식인들이라고 자처했겠지만, 오늘날의 우리의 기술 수준도 하나님에 비해서는 우리가 되돌아보는 중세인들 수준일 것이다.

기적은 우리의 현재 지식수준을 뛰어넘는 일일 뿐이지, 불가능한 것은 아니라는 것을 겸손히 인정해야 한다. 전능하신 하나님을 우리의 알량한 지식의 틀에 맞춰서 이해하느니 못하느니 말하는 것이다. 우리가 이해하지 못한다고 해서 하나님을 믿지 못한다고 하는 것은 하나님을 우리의 수준으로 끌어내리는 잘못을 범하는 것이다.

제12장

유대인들은
왜 예수를 죽였는가?

예수님께서 활동하던 시기는 로마가 이스라엘을 점령하고 총독을 두어 다스리던 시절이었다. 유대인 봉분왕을 인정하고 제사장들이 유대인들 사이의 문제들을 자체적으로 다루게 하였다.

유대인들은 구약의 말씀대로 메시아가 와서 자기들을 구원해 주기를 바라고 있었다. 그런데 왜 정작 하나님의 아들 예수님께서 오셔서 천국 복음을 전파하고 이적을 행하며 죽은 사람도 살리면서 본인이 메시아임을 입증하셨는데도…, 하나님도 예수님을 '나의 사랑하는 아들'이라고 세 번이나 선언하셨고, 유월절에 예루살렘에 입성하시는 예수님을 보고 유대인들이 메시아라고 외치며 환영하였는데도…, 왜 결국은 로마 당국과 결탁하여 십자가에서 예수님을 처형당하게 했을까?

첫째, 예수님은 나사렛 동네에서 자라 이미 그들이 성장 과정을 잘 알고 있는 인물로서 그들의 기대와 달리 초라한 모습이었기 때문이다. 메시아는 만왕의 왕으로서 화려하고 천사들의 나팔 소리와 함께 구름을 타고 올 것을 기대하고 있었던 것이 아닐까?

"그가 세상에 계셨으며, 세상은 그로 말미암아 지은 바 되었으되 세상이 그를 알지 못하였고, 자기 땅에 오매 자기 백성들이 영접지 아니하였으나 영접하는 자 곧 그 이름을 믿는 자들에게는 하나님의 자녀가 되는 권세를 주셨으니"(요한복음 1:10~12)

둘째, 예수님의 가르침은 유대인들의 선민사상과 다른 것이 많았기 때문이다. 예수님은 "누구나 하나님 앞에서 회개하면 누구나 구원받을 수 있다"라고 가르치셨다. 율법과 할례 없이도 믿음으로 구원받을 수 있다고 선언하셨다. 유대인들에게는 율법과 할례는 계명을 넘어 정체성과 같은 것으로 자신들을 분열과 혼란에 빠뜨린 예수님을 받아들일 수가 없었을 것이다.

셋째, 예수님께서 자신이 하나님의 아들이라고 선언하고, 하나님만 할 수 있는 죄를 용서해 주는 일을 하자, 결정적으로 예수님을 제거하기로 한다. 성전을 무너뜨리겠다고 한 말을 신성모독으로 몰아갔다. 제사장들이나 서기관들은 자신들이 가지고 있던 작은 권력마저도 위협받을 수 있다고 생각했을 것이다. 로마 총독 빌라도가 판단하기를 예수님이 죄가 없다고 말하자, 유대인들이 적극적으로 주장하여 죄인 바라바를 사면하고 대신 예수님을 십자가에 처형하도록 요구했다.

구세주로 세상에 오신 예수님을 인정하지 않고 신성모독 이단으로 몰아 십자가에서 처형한 사건은 오늘날 우리에게도 중요한 점을 시사하고 있다. 우리도 옛적 유대인들과 같은 잘못을 저지를 가능성이 있기 때문이다. 우리가 기다리는 재림 예수님은 우리가 생각하는 것과 다를 수 있기 때문이다. 예수님께서 당시 유대인 지도자들을 질책한 것과 같이 오늘의 교회 지도자들도 하나님으로부터 질책받을 소지가 많다고 생각한다. 우리도 "우리와 같이 계신 성령님을 인정하지 않고, 무시하고 있는 건 아닌가?"라고 회개하여야 한다.

유대인들은 후일 로마가 기독교를 국교로 정하고 기독교가 널리 전파되면서 유럽 각국에서 예수님을 죽인 민족으로 오랜 세월 동안 심한 핍박을 받고 살았다. 그러한 이유로 유대인들은 십자가에 대하여 심한 알레르기 반응을 보이게 되었다.

이스라엘 도로는 가급적 십자가 교차로 대신에 로터리로 되어 있다. 학교 수학 시간에도 더하기 표시를 '+'로 하지 않고 'ㅗ'로 할 정도이다. 구급차(ambulance)에도 십자가 대신에 다윗별을 붙이고 다닌다.

제13장

예수님은 부활하였는가?

"예수님은 부활하였는가?"라고 누군가 묻는다면 "그렇다"라고 확신을 가지고 대답할 수 있는가? 바울은 다음과 같이 단언했다.

"만일 죽은 자의 부활이 없으면 그리스도도 다시 살아나지 못하셨으리라 그리스도께서 만일 다시 살아나지 못하셨으면 우리가 전파하는 것도 헛것이요 또 너희 믿음도 헛것이며"(고린도전서 15:13,14)

우선 성경 특히 '신약 성경은 역사다'라는 사실을 강조하고 싶다.

신약 성경은 예수님의 제자들과 그가 활동하던 시기의 사람들에 의해 만들어진 것이다. 3개의 복음서가 먼저 쓰였고, 요한복음과 요한계시록이 마지막으로 A.D. 70~100여 년 경에 쓰였다.

예수님의 죽음과 부활은 많은 사람들에게 보여졌다. 부활 후 40여 일 동안 제자들과 여인들 그리고 500여 형제들에게 나타나셨다. 부활 후 하신 말씀들도 성경에 기록되어 있다. 예루살렘에 가면 예수님께서 승천하셨다는 곳에 기념교회가 세워져 있다.

다른 제자들이 예수님을 보았다고 하자 "나는 내가 그 못 자국을 보며 그 옆구리에 내 손가락을 넣어보기 전까지 믿지 못하겠노라"라고 의심을 가지고 말한 도마의 기록도 남아 있다.

우리는 고구려가 만주까지 세력을 떨쳤던 것을 지린성 지안시(集安市)에 있는 광개토대왕비를 보고 알 수 있다. 역사인 것이다. 마찬가지로 예수님의 부활은 기록으로 남아 있는 역사이다. 강력한 정황 증거들도 있다.

예수님이 십자가에서 돌아가시자, 예수님의 온갖 기적들을 목격한 제자들도 실망하여 갈릴리 해변으로 돌아가서 예전처럼 어부가 되었다. 그러나 부활한 예수님을 만나고 난 후의 제자들은 자연사한 요한을 제외한 모든 제자들이 복음을 전파하다가 순교 당했다. 부활의 확신을 가지고 죽음을 두려워하지 않은 것이다. 세상 모든 사람을 구원하시기 원하는 하나님의 섭리대로 교회가 세워지고 복음이 세상 끝까지 전파된 것이다.

그럼에도 불구하고 우리는 왜 예수님의 부활을 쉽게 받아들이지 못하는가?
우리의 상식 때문이다. 우리 주변에 죽었다가 부활한 사람을 보지 못한 탓이다.

예수님은 생전에 야이로의 딸과 나인성 과부의 아들과 죽은 지 나흘이나 지난 나사로를 살렸다. 죽음을 이겨 낼 수 있다는 것을 몸소 보여주셨다.

예수님의 신성은 자신의 죽음과 부활을 예언하고 실현하셨다는 것이다. 우리는 과학의 발달로 수태, 임신 과정과 출산을 자세히 알게 되었고, 이를 이용해서 시험관 아기도, 사람을 복제할 수도 있게 되었다. 그러나 아직 죽음, 영혼에 관한 문제들은 하나님의 영역으로 남아있다. 우리 생전에 알 수 없을 수도 있다. 그러나 사람을 창조하신 분이라면 죽음의 비밀도 당연히 알고 계실 것이다.

예수님께서는 "나는 부활이요 생명이니 나를 믿는 자는 죽어도 살겠고 무릇 살아서 나를 믿는 자는 영원히 죽지 아니할 것이니 네가 이것을 믿느냐?"(요한복음 11:25,26)라고 묻고 계시다.

제14장

하나님은 지금도 살아계셔서 역사를 주관하시는가?

"하나님이 지금도 살아계셔서, 이 세상 역사를 주관하고 계신가?"라는 명제는 매우 중요한 문제이다. 정말 그렇다면, 나를 사랑하시는 하나님께서 이 세상일을 주관하고 계신다면, 얼마나 든든할까!

이 문제는 평소에 우리 모두가 바라는 일이지만 확신하기는 참 어려운 명제이다.

하나님과 관련된 일은 우리 인간이 이해하기 어렵다. 하나님은 우리가 이해하기에 너무 크고 차원이 다르기 때문이다.

지구는 우주에서 보면 둥글다. 그러나 그 위에서 우리는 100m 달리기를 하며 직선을 달린다고 생각한다. 하나님과 우리의 차이는 그보다도 훨씬 더 크기 때문에 하나님의 존재를 느낀다는 것은 참 어렵다. 안 계신 것처럼 느껴지기도 한다.

하나님께서 역사를 주관하신다는 것은 하나님께서 앞으로 일어날 일을 미리 말씀하시고, 그 예언이 실제로 이루어졌는가를 살펴보면 된다. 성경은 하나님이 말씀하시고 실제로 이루신 일로 가득 차 있다. 몇 군데만 살펴보기로 하겠다.

노아의 홍수를 생각해 보자.

악이 세상에 가득 찼을 때 하나님께서는 인간을 만드신 것을 후회하셨다(창세기 6:6). 그리고 엄청난 결정을 하셨다. 온 세상을 물로 심판하신 것이다. 노아의 가족 8명을 제외하고는 모든 사람을 다 멸절시켰다. 이 사건이야말로 "하나님께서 이 세상을 다스리고 계신다"라는 결정적 증거라고 할 수 있다.

"여호와께서 아브람에게 이르시되 너는 반드시 알라 네 자손이 이방에서 객이 되어 그들을 섬기겠고 그들은 사백 년 동안 네 자손을 괴롭히리니 그들이 섬기는 나라를 내가 징벌할지며 그 후에 네 자손이 큰 재물을 이끌고 나오리라"
(창세기 15:13,14)

이스라엘 백성의 애굽 노예 생활은 이 말씀 이후 300여 년이 지난 후의 일이다.

하나님께서는 3백여 년 후의 일을 정확하게 말씀하시고 이루셨다.

이스라엘 백성이 "우리에게도 왕을 주소서"라고 해서 하나님이 사울 왕을 정해 줄 때까지는 하나님께서 직접 나라를 다스리는 신정정치 체제였다.

"주님께서 사무엘에게 말씀하셨다.「백성이 너에게 한 말을 다 들어 주어라. 그들이 너를 버린 것이 아니라, 나를 버

려서 자기들의 왕이 되지 못하게 한 것이다.」"(사무엘상 8:7-새번역)

성경 전체가 하나님의 주권 이야기이다.

우리에게 너무나도 중요한 예수님의 탄생과 부활은 하나님께서 미리 말씀하신 대로 이루어진 것이다(이사야 7:14/마태복음 1:21). 하나님이 계획하시고 이루신 것이다. 하나님께서 우리 역사를 주관하고 계신다는 것이다.

인류 역사에는 하나님의 섭리를 의심케 하는 많은 사건들이 있다.

솔로몬이 하나님을 떠난 죄로 인한 하나님의 경고대로 이스라엘은 북이스라엘과 남유다로 갈라지고 바빌론 포로시대를 거쳐 로마시대 때 나라가 완전히 멸망하고 세계 각국으로 흩어졌다. 하나님 말씀대로 온 세상의 조롱거리가 되었다. 솔로몬 때가 B.C. 960년경이었다. 하나님의 시간은 이렇다. 하나님이 안 계셨을까?

　하나님은 공의롭고 또 엄격하셨다.

　하나님께서 자기 말씀대로 역사를 주관하고 계
신다는 것을 확실히 보여주신 크고 무서운 사건
이다.

　우리가 하나님을 떠난다는 것이 무엇일까?

　하나님께서는 솔로몬이 이방 신을 섬기는 것이
라고 말씀하셨다. 하나님을 믿지 않는 것이 하나님
을 떠나는 것이다.

　성경에는 귀신도 있고, 지옥도 있으며, 죽은 후
에 심판도 기록되어 있다.

　이 말씀은 하나님을 믿지 않는 자는 구원받지 못
한다는 이야기이다.

　하나님은 세상 모든 사람을 구원하고 싶어 하시
지만 결국은 믿는 자만 구원받는다. 하나님께서 예
수님을 이 땅에 보내시고 부활 승천하신 후에 또

보혜사 성령님을 보내셔서, 오늘도 하나님을 경외하고, 이웃을 사랑하며, 천국에 대한 소망을 가지고 예수의 가르침대로 살도록 말씀하신다.

하나님께서는 지금도 살아계셔서 역사를 주관하고 계신다.

제15장

하나님은 우리의 기도를
들으시는가?

우리는 하나님께서 우리의 기도를 듣고 응답해
주시기를 바란다.

기도의 응답을 받았는가?

우리는 하나님께서 우리의 기도를 듣고 응답해
주기를 바란다.

여러분들은 기도의 응답을 받았는가?

평생을 하나님을 섬기는 사역자로서의 목사님들
이나, 성직자로서의 신부님들이 결단하는 날, 그분
들은 이런 기도를 드리지 않을까?,

"주님! 단 한 번만이라도 주님의 음성을 들려주

시면, 주님을 위해 평생을 바치겠습니다."

그분들은 이 기도에 응답을 받았을까?

이 문제에 대한 대답하기에 앞서 하나님께서 말씀하신 성경의 기록을 살펴보자.

하나님께서는 아브라함과는 직접 대화하셨다.

야곱에게도 직접 말씀하셨고 이름도 이스라엘로 고쳐주셨다.

모세에게는 하나님께서 직접 말씀하시고 질문에 바로 대답도 하셨다.

유명한 기도 응답으로는 엘리야의 기도(열왕기상 18:37), 사사 기드온이 양털을 두고 하는 기도, 히스기야 왕의 수명을 연장시켜달라는 기도들이 있다.

신약시대에 들어와서는 하나님은 세 번 직접 말씀하신다.

예수님께서 세례(침례) 요한에게 세례를 받으실

때, 변화산에서, 예루살렘에서(요한복음 12:28) 직접 말씀하셨다.

그 후에는 변화산에서 "이는 내 사랑하는 아들이요 내기뻐하는 자니 너희는 그의 말을 들으라"(마태복음 17:5)라고 말씀하셨다. 예수님이 하나님의 아들임을 증거하시고, 요즘 표현으로 하면 예수님께 권한 이양을 하신 것이라고 생각한다.

문제는 "하나님께서 우리 각자의 기도에 대한 응답을 어떻게 하시는가?"라는 것이다. 우리가 잘 아는 인도 콜카타의 마더 테레사(Mother Teresa) 이야기에서 그 답을 찾을 수도 있다.

마더 테레사는 빈자의 성녀라고 불리며 1979년 노벨 평화상을 받았다.

그녀가 믿음의 친구 마이클 반 데어 피트(Michael van der Pitt)에게 보낸 편지가 테레사 사후에 공개되었다.

「예수님은 당신을 매우 특별히 사랑합니다.

그러나 저에게는 침묵과 공허함이 너무 커서 보려 해도 보이지 않고, 들으려 해도 들리지 않고, 입을 움직여도 말이 나오지 않습니다. 당신이 저를 위하여 기도해 주기 바랍니다.」

이 편지가 알려진 이후에 많은 사람들이 충격을 받았다.

마더 테레사도, 기도에 대한 응답을 자주 받지 못해서 고통을 겪으신 것이 아닌가 하는 생각을 하는 사람들도 있다.

그러나 믿음 생활 가운데 성령님의 인도를 받았으리라고 확신한다. 기도의 응답을 기다리면서 말씀과 기도에 정진할 수 있다. 기도의 응답은 받지 못했어도 '믿음이 정금같이 단단하게 자라서' 교회의 사표가 될 수 있었으리라고 생각한다. 그렇다면 하나님이 응답하신 것 아닌가?

필자의 기도도 응답받지 못했다고 생각했는데,

예전 기도 제목들을 다시 살펴보면 거의 다 이루어졌다. 하나님은 필자가 원하는 대로가 아니라 하나님의 방식으로 기회와 환경을 열어 주신 것이다.

이 대목에서 알쏭달쏭한 문제를 하나 제시한다.

"우리의 기도를 하나님께서 들어주시는 것이 우리에게 좋을까? 아니면 우리가 하나님의 말씀을 듣고 순종하는 것이 좋을까?"

달리 설명하자면 부모와 자녀의 관계로 이야기해도 좋을 듯하다.

아이는 부모를 졸라서라도 원하는 것을 얻기를 바란다. 그러나 부모가 원하는 것을 아이가 따라 주는 것이 결국은 아이에게 더 좋다는 말이다.

성숙한 그리스도인은 하나님이 우리들의 기도에 응답해 주시기를 바라지만, 하나님의 말씀을 따라 순종하는 것이 더 좋다는 것이다. 이는 우리가 오래 묵상해야 할 문제이다.

예수님께서 감람산에서 잡히시기 전 땀이 핏방울같이 되도록 기도하셨는데, 과연 응답을 받으셨을까? 기도의 본질은 우리의 뜻을 관철시키는 도구가 아니라 하나님의 주권을 인정하며 하나님의 섭리를 깨달아 가는 과정이며 우리의 생각이 하나님의 뜻에 부합되게 하는 과정이다.

"태초에 말씀이 계시니라 이 말씀이 곧 하나님이시니라"
(요한복음 1:1)

참으로 신비한 내용이다.

문자가 없던 시절에는 직접 말씀하시거나 계시를 통해서, 또 그 후에는 선지자를 통해서 말씀하실 수밖에 없었다. 그리고 말씀이 육신이 되어 우리 가운데 오신 예수님을 통하여 말씀하시고, 우리는 그 말씀을 문자로 기록된 성경으로 읽는 것이다. 그렇기 때문에 성경 속에서 하나님의 응답을 찾아야 한다.

제16장

"네가 선 곳은 거룩한 땅이니 네 발에서 신을 벗어라"

위의 말씀은 하나님이 호렙산에서 모세에게 하신 말씀이다.

필자는 이 구절을 읽을 때 '하나님 앞이니 거룩한 곳이므로 당연히 신을 벗어야 하는구나'라고 생각했다.

여호수아가 여호와의 군대 장관을 만났을 때 그도 똑같은 말을 듣는다(여호수아 5:15). 하나님 앞이니 무릎을 꿇으라 할 수도 있었는데, 모두 다 "신을 벗어"라고 했다.

우리가 사용하는 이력서라는 한문의 이(履) 자는

'밟다' 또는 '신발'이라는 뜻을 가지고 있다. 이력서
는 '걸어온 자취'라는 뜻이다.

모세는 애굽 왕궁에서 살인 사건으로 도망친 후
미디안 땅에서 40년 동안 양 떼를 치고 있었다. 하
나님을 만난 후 그는 양치기에서 하나님의 말씀을
따라 노예 생활을 하던 이스라엘 민족을 구해내는
민족의 지도자로 변했다. '신발을 벗는다'는 것은
'새로운 정체성을 갖는다'는 의미를 가지고 있다.

여호수아가 여리고 성을 공격할 때였다.

여리고 성은 두 겹의 높은 성벽으로 둘러쳐진 난
공불락의 성이었다. 그러나 하나님은 여호수아에
게 전투라는 종래의 방식과는 전혀 다른 방식으로
여리고 성을 함락시키는 것을 보여주셨다.

언약궤를 메고 엿새 동안 성을 돌다가 일곱째 날
일곱 번 돌고 크게 소리 지르니 성벽이 무너졌다.

하나님의 존재를 보여주면서 새로운 지도자로
세운 것이다.

지금도 여리고 성은 하나님 말씀대로 다시 건설되지 않고 세계에서 가장 오래된 도시라는 안내판만 서있다.

우리나라 교회의 성도들은 대부분 세례(침례)를 받은 교인이다. 세례는 '우리의 옛사람은 죽고 하나님의 자녀로 새로운 삶을 시작한다'라는 절차이다. 위에서 말한 '신을 벗는 예식'이다.

오늘날 교회가 사회의 지탄의 대상이 된 것은 세례 받은 성도들이 세례를 교회의 정회원이 되는 절차로만 생각하고 삶이 달라지지 않은 탓이다. 소금이 그 짠맛을 잃으면 아무 쓸 데가 없어 밖에 버려져 사람에게 밟힐 뿐이다.

"너희는 세상의 소금이니 소금이 만일 그 맛을 잃으면 무엇으로 짜게 하리요 후에는 아무 쓸 데 없어 다만 밖에 버려져 사람에게 밟힐 뿐이니라"(마태복음 5:13)

예수님을 만나고 삶이 바뀐 가장 대표적인 사람은 예수님의 제자와 바울이다. 또 참회록을 쓴 성 어거스틴을 들 수 있다. 그리고 우리나라에 기독교가 들어온 초기의 조선인들도 빼놓을 수 없다.

우리 주변에도 많은 인물이 있을 것이라고 생각한다.

「주님의 교회」 담임목사를 지내신 이재철 목사님은 "예수님을 만나기 전에는 내 또래의 친구들 중에서 내가 도덕적으로 가장 타락했었다"라고 술회한다.

필자가 아는 예수님을 만난 후 삶이 달라진 사람들을 소개한다.

한동대학교 총장을 역임하신 고 김영길 박사는 부인 앞에서 예수님을 영접하는 신앙 고백을 하고는 집에 있던 술을 다 버리고 신실한 그리스도인으로 거듭났다. 미국에서 귀국한 후 창조과학회를 설립하고, 학교 일 때문에 교도소에 갇히기도 했지

만, 제자들과 학부모들로부터 깊은 존경과 사랑을
받았다.

「하나님의 대사」로 알려진 김하중 전 중국대사
는 서울대학교 문리대 재학 시절 보컬 밴드「엑스
타스」의 리드 기타로 활동했으며 술도 잘 마시는
낭만파 대학생이었다. 필자의 친한 친구 둘이「엑
스타스」의 멤버로 활동했다.

김 전 대사는 중국에서 공사로 일하던 시절에 알
수 없는 힘에 사로잡혀 술을 마실 수 없는 이상한
일을 겪으며 술을 끊게 되었고, 그 후 하나님의 사
람으로 거듭나 현지에 와 계시던 목사님으로부터
집 목욕탕에서 세례(침례)를 받았다.

대통령 의전 비서관, 중국대사, 통일원 장관을
지냈는데 공직에서 물러난 뒤에는 그간 알고 지내
던 모든 사람들과 연락을 끊고 복음을 전도하는 일
에만 집중했다. 그는 최장기 중국대사로 재직하면
서 하나님의 계시를 받아 믿기 어려운 여러 일화들

을 저서에 남기기도 했다.

　필자의 손주들이 뜬금없이 물어보았다.
"할아버지는 유명한 사람이에요?"
　인터넷에 들어가서 사진과 경력, 그리고 훈장을 두 개나 받은 일과 이런저런 자랑을 해서 유명한 사람이라는 인정을 받았다.
　그러자 보고 있던 딸이 나중에 한마디를 했다.
"아빠! 하나님 앞에 잘 살아야지요."
　머리가 '띠잉~'. 크게 한 방 맞은 기분이었다.

　'예수님을 영접하고 스스로 얼마나 다른 사람이 되었는가?'를 생각하니 부끄러울 따름이다. 지난 생일 때 나이키 운동화를 선물 받았는데 유명 운동화에 기뻐할 일이 아니라 하나님 존전에서 신발을 벗고 새사람이 되는 데 노력해야겠다(이 글은 이재철 목사님의 설교를 듣고 썼다).

제17장

네가 믿을 때
성령님을 받았느냐?

위의 질문은 몇 번이고 반문하는 명제이다.

문제는 「성령님을 받았다」는 느낌을 더욱 갖고 싶기 때문이다.

예수님께서 승천하기 전에 제자들에게 말씀하셨다.

"너희는 몇 날이 못되어 성령으로 세례(침례)를 받으리라"

(사도행전 1:5)

오순절에 제자들이 모여 있을 때 하늘로부터 급한 바람 같은 소리와 불의 혀가 갈라짐 같은 현상과 함께 각 사람에게 성령님이 임하셨고, 그들이 방언으로 말하기 시작했다(사도행전 2:1~4).

또 하나의 경우를 보자.

바울이 에베소 교인들에게 물었다.

"너희가 믿을 때에 성령님을 받았느냐?"

그들은 "우리는 성령님이 계신 것도 몰랐고, 요한의 세례(침례)를 받았다"라고 대답했다.

그러자 사도바울은 그들에게 이제는 주 예수의 이름으로 그들에게 안수하고 세례(침례)를 주었다. 그러자 그들에게 그 성령님께서 내려오셨다.

그들은 곧바로 방언들을 계속해서 말하기 시작했고 예언을 말하기 시작했다(사도행전 19:6). 그들은 성령의 은사인 방언과 예언의 선물을 받은 것이다.

필자의 가족이나 주변 성도들은 대부분 방언을 한다. 예언하고, 환상을 보는 이(Seer)도 있다. 그러나 필자는 방언의 은사를 받지 못했다.

다시 주변 사람의 예를 소개한다.

필자의 고등학교 친구 중에는 키가 크고 농구를 잘했던 친구가 있다.

그는 집 목욕탕에서 뜻하지 않은 성령님 체험을 했다. 창으로 형언할 수 없는 밝은 빛이 쏟아져 들어오는데 무릎을 꿇게 되고, 오랫동안 회개의 기도를 드렸다고 한다. 그 후 그 친구는 의사가 되었는데 평생을 신실한 그리스도인으로서 많은 환자를 예수님께 인도하고 있다.

필자가 살던 지방 도시의 어느 권사님 이야기도 소개한다.

외손자가 태어났는데 심장 혈관이 꼬인 채로 태어나 산소 포화도가 위험 수준에 달했다. 아주 위급한 상황이었다. 신생아 심장 수술을 할 수 있는 의사를 부산에서 어렵게 만났으나, 수술을 해도 완치될 가망이 없으니 포기하라는 권유를 받았다. 그러나 권사님이 기도하는 중에 이 손자가 건강하게 자라는 환상을 보게 되었다고 한다.

"이 아기는 이 병으로는 절대로 죽지 않는다"라는 강한 믿음으로 수술을 감행했는데, 결과는 대성공으로 지금 그 손자는 운동을 잘하는 아이로 크고 있다.

뒷이야기도 있다.

그 권사님 딸의 친구인 산부인과 의사가 아기를 가졌는데 같은 병이라는 것이 확인되었다. 딸은 자신의 경우를 설명하며 낳을 것을 권유했으나 그 친구는 고민 끝에 아기를 지우고 말았다고 한다. 권사님이 경험한 성령님의 능력과 믿음이 부럽기 한이 없다. 본인도 자신의 믿음이 스스로 얼마나 자랑스러우실까! 권사님은 필자가 쓰는 글의 독자시다.

필자가 방언을 사모하는 것은 성령님을 받았음

을 느끼고 싶기 때문이다.

하용조 목사님이 살아계실 때 강단에서 설교를 하시다가 성령님에 이끌려 한동안 다른 곳에 계신 것 같이 행동하시는 것을 보았다.

필자가 출석하는 교회에도 찬양시간에 거의 춤을 추는 분들이 있다.

"성령 충만을 받으면 저렇게 기뻐하는구나!"

또 부러워진다.

한편 방언으로 말하지 못한다고 해서 걱정하지 말라고 한다.

왜냐하면 사도바울이 방언은 성령님의 선물이긴 하지만 "사람마다 다 방언하겠느냐?"라고 말했기 때문이다(고린도전서 12:30). 즉 성령님을 받은 사람이라 하더라도 방언을 하지 못하는 사람도 있다는 것이다. 방언을 못 하는(또는 안 하는) 목사님들도 있다. 그러므로 방언이 성령님의 유일한 기준이 되는 것은 아니다.

성령님의 은사 9가지 중에는 지혜의 말씀, 지식의 말씀, 믿음, 병 고치는 은사, 능력 행함, 예언, 영들 분별함, 방언, 방언들 통역함이 있다(고린도전서 12:8~10).

필자가 특히 마음이 가는 지혜와 지식도 들어있다. 더불어 성령님의 열매, 사랑, 희락, 화평, 오래 참음, 자비, 양선, 충성, 절제, 온유를 사모해야 하겠다.

"성령님이 아니고는 누구든지 예수님을 주님이시라 할 수 없느니라"(고린도전서 12:3)

필자와 같이 일단 따지고 보는 사람이 중병을 앓지도 않고, 사업이나 인생에 실패한 것도 아닌데 주님을 구주로 영접한 것이 성령님의 도움 없이 어찌 가능하겠는가?

믿음이 적은 자여! 네 안에 계신 성령님을 서운하게 하지 말지어다.

제18장

하나님의 고군분투

지난번 성령 세례(침례)에 관한 글을 읽은 아프리카 선교사님이 글을 보내왔다.

자신은 방언을 하지 못하는데 선교 집회 후에 안수 기도를 해주면 사람들이 방언하는 경험을 여러 차례 했다는 것이다. 영의 세계는 참으로 신비롭다.

이번에는 성경의 역사적 사건들 속에 하나님의 마음을 헤아려 본다.

하나님은 천지 만물과 에덴동산을 짓고 인간을

만들고 또 여자를 짝지어 주셨다. 좋은 것 다 마련해 주시고 선악과만 먹지 말라고, 먹으면 정녕 죽으리라고 당부했는데 하나님과 같아지려고 먹는 죄를 짓는다.

죽인다고 하셨는데 차마 죽일 수 없어서 짐승을 대신 죽이고 에덴동산에서 추방했다.

아담과 하와가 없는 에덴동산은 더 이상 낙원이 아니고 적막강산이었을 것이다. 그들이 낳은 가인이 동생 아벨을 때려죽이는 처참한 비극이 세상 최초의 가정에서 벌어진다.

무엇이 잘못된 것일까?

하나님 잘못인가?

가인의 제사도 받을 걸 그랬나?

아이들 마음에 악은 도대체 언제 들어간 것인가?

하나님 마음이 편할 리 없다.

인간이 번성하면서 세상은 악으로 가득 차게

된다.

하나님은 근심하시고 사람을 지으셨음을 후회하신다. 그리고 모든 것을 멸절시키는 엄청난 결단을 내리신다. 노아에게 방주를 지으라고 명하신 후에도 70~90년이나 기다리신다. 혹시라도 세상이 달라지기를 바라서였을까?

드디어 온 세상이 홍수로 뒤덮인 날 하나님은 눈을 질끈 감으시고 귀를 막았을까?

하나님은 무지개를 두고 언약하신다.

다시는 홍수로 멸하지 않겠노라고.

하나님은 전략을 바꾸신다.

아브람을 선택해서 하나님의 백성으로 큰 민족을 이룩하리라는 것.

갈대아 우르에서 가나안 땅으로 인도하셨는데 어느 해 가뭄이 들었다고 애굽으로 이사를 간다. 가뭄이 들면 하나님에게 비를 내려 달라고 하면 될 텐데….

하나님이 정해 준 땅을 떠나더니 애굽 땅에서 4백 년 동안 종살이를 하게 된다.

소돔과 고모라는 또 악으로 가득 찬다.

아브람과 의인 수를 두고 협상을 벌이는 하나님을 상상해 본다. 50명으로부터 45명, 40명, 30명, 20명 결국 10명도 찾지 못해 불과 유황으로 멸하신다.

왜 사람들은 이렇게 악할까?

이렇게도 의인이 없단 말인가?

모세를 시켜서 자기 백성을 애굽으로부터 탈출시킨 하나님은 만나를 만들어 광야에 있는 200만 명의 대식구를 40년간이나 먹이셨다. 밤에는 추울세라 불기둥으로, 낮에는 더울세라 구름으로 덮어 주셨다.

노예 생활을 하던 백성들이 다 죽고, 2세들이 마흔 살쯤 되자 다시 가나안으로 인도하신다. 인내심이 대단하시다.

하나님이 선택하신 아브람이나 모세는 어떤 점이 하나님 마음에 들었을까?

방주나 성막의 치수까지 세세하게 말씀하시고, 먹는 것 하나하나도 정하시는 하나님은 참으로 자상하시다.

천신만고 끝에 가나안에 정착했는데 자기 백성으로부터 배신당한다.

"우리에게도 왕을 주소서"라고 하니, 하나님은 "나를 버려 자기들의 왕이 되지 못하게 함이니라"(사무엘상 8:7 참조)라고 말씀하신다. 요새 말로 거의 탄핵당한 셈이다.

다윗 왕에 이어 솔로몬에게 지혜와 부귀를 주었건만, 경고에도 불구하고 솔로몬은 결국 하나님을 떠난다.

하나님은 이제 이스라엘을 멸망시키고 2,000여 년 동안 유대 백성을 세상의 조롱거리로 만드신다.

시드기야 왕은 두 눈이 뽑힌 채로 두 손은 결박당하고, 많은 백성들이 1,500km나 되는 먼 길을 4개월 동안 걸어 바빌론으로 끌려가서 70년이나 포로 생활을 한다. 하나님이 만든 이스라엘 왕국의 멸망이다.

70년 후 적은 수의 백성만 돌아온다. 이들은 대부분 바빌론 포로 생활 중 태어난 사람들이고, 많은 사람들이 부강한 페르시아에 남았다. 이는 미국이나 일본의 교포 2세, 3세가 지금 그 나라에 머물러 살고 있는 것과 비슷한 일이다. 하나님은 이 남은 사람들이 마음에 걸려 다니엘이나 에스더를 시켜 그들의 하나님이 계심을 나타내신다.

하나님은 다시 새로운 계획을 세우신다.
이번에는 아들 예수님을 세상에 보내시어 십자가에서 희생양으로 죽게 하시고, 그를 믿는 모든 사람의 죄를 완전히 용서해 주는 계획이다. 어느 누가 아들을 죽이는 결정을 하고 마음이 편할까? 그것도 가장 고통스러운 십자가 처형으로….

"하나님이 세상을 이처럼 사랑하사 독생자를 주셨으니 이는 저를 믿는 자마다 멸망치 않고 영생을 얻게 하려 하심이니라"(요한복음 3:16)

하나님은 왜 우리를 이처럼 사랑하실까?

이런 하나님을 미소 짓게 해드린다면 얼마나 좋아하실까?

하나님은 우리가 사모하는 천국의 보석으로 장식된 보좌에서 아름다운 천사들에 둘러싸여 지내시는 것으로 생각되지만 그렇지 않을지도 모른다. 문제를 일으켜 자식이 죽거나 교도소에 가는 수준의 자녀를 둔 부모와 같이 노심초사하며, 고군분투하고 계실 것 같다.

하나님! 이제 또 어느 때까지니까?

구원이냐 심판이냐? 그것이 문제로다.

제19장

하나님을 경험하는 삶

하나님은 왜 예수님의 열두 제자들이 모두 순교 당하는 것을 허용하셨을까?

어머니 마리아를 모시는 요한만은 늙어서 죽었지만….

KBS에서 바울의 회심과 전도 그리고 로마에서 참수형으로 목이 잘려 죽는 모습을 다큐멘터리로 방영했다.

바울은 예수님을 믿기 전에는 성경과 하나님을 잘 안다고 했지만, 결국 잘못된 믿음을 가지고 있었던 것으로 판명되었다. 다메섹으로 가는 길에서 예수님의 음성을 듣고서야 회심하게 되었다.

그의 회심 후의 생애는 지치고 고된 전도 여행의 연속이었다. 터키, 그리스 여러 지역 수만 리를 걸어 다녔다. 감옥에 갇혀 죽을 고비를 몇 차례 맞기도 했다.

딸이 「하나님을 경험하는 삶」이라는 책을 크리스마스 선물로 주었다.

'하나님을 경험하기 위해서는 하나님과 개인적 관계를 가지고 하나님의 주권에 나를 내어 드려야 한다'라는 것이 이 책의 주요 내용이다. 분명하지만 참으로 어려운 일이다. 필자가 할 수 있는 일같이 들리지만, 할 수 없는 일 같이도 생각된다.

예수님의 열두 제자들은 성경 지식도 없는, 나이도 많지 않은 어부들이었다. 예수님과 3년간이나 같이 생활하며 말씀을 듣고 온갖 이적들을 경험했다. 개인적 관계가 형성된 것이다.

그러나 십자가에서 예수님이 돌아가시자 다시 갈릴리 어부로 돌아갔다. 부활하신 예수님을 만난 후에야 순교 당할 때까지 예수님과 하늘나라를 전파했다. 자신을 온전히 하나님께 내어 드린 것이다. 그들의 생애가 고달프고 만만치 않았을 것이다. 바울도 마찬가지이다. 예수님을 경험하고 자신의 모든 것을 내어 드린 것이다.

기쁨에 찬 날들이었을까?

사명감으로 어려움을 견디어 낸 것일까?

어떻게 그럴 수 있었을까?

필자도 하나님을 알고 예수님의 사랑과 말씀, 숭고한 희생을 알고 찬양하며 경배하고 있다. 앞에 기술했듯이 드라마틱한 개인적 경험은 없지만 하나님의 은혜를 느끼고 있다. 그러나 필자 스스로를 주님께 온전히 드리는 것에는 자신이 없다.

결단력 차이인가?

세상에 대한 미련 때문인가?

그러나 성직자가 아닌 생활인으로서는 한계가 있는 것 아닌가?

하나님을 경험하는 일은 참으로 영광이고 기쁨이지만, 어디까지가 스스로에게 적당한 일인가?

어떤 부자 청년이 예수님께 나와서 "어떻게 하면 영생을 얻을 수 있을까요?"라고 물었을 때 "네가 가진 것을 다 팔아 나누어 주고 나를 따르라"라는 예수님의 대답을 듣고 실망하고 돌아간 이야기가 생각난다.

주변에 적지 않은 친구들이 나이가 든 후에 신학대학을 가고, 목회자로 사역하고 있다. 그들은 전문가로서 직업과 재정적 여유도 있는 친구들이다. 그러나 그들은 하나님께 온전히 자신을 내어 드리는 삶을 선택했고, 하나님의 일꾼으로 국제적으로도 다양한 생활과 활동을 하고 있다. 부럽기도 하다.

앞에 소개한 「하나님의 대사」 김하중 씨도 공직을 떠난 후 학교 친구들과의 관계마저도 끊고 오직 하나님과 관련된 일만 하고 있다.

미국에 정착한 동기들이 자주 한국을 방문한다. 와서는 "한국이 더 좋다. 한국에 오고 싶다"라고 한다.

필자는 한국교회가 운영하는 우간다의 쿠미대학교(Kumi University) 선교사들과 친분이 있다. '은퇴 후 그곳에 가서 봉사를 할까?'라는 생각에 방문한 적도 있다. 그들은 한국에 왔다가도 "빨리 우간다로 돌아가고 싶다"라고 말한다.

도로에는 붉은 흙가루가 펄펄 날리고, 전기도 없는 동그란 움막집, 큰 망고나무 아래를 교실 삼아서 수업하는 나라이다.

미국의 작은 교회 목사님들 중에는 출석 성도들이 줄어들고 교회 운영이 어려워지자 마트에서 일을 하시거나 다른 직업을 갖는 사례가 늘어나고 있다. 이에 대하여 찬반 의견이 있다.

필자는 목사라는 직업이 세상에서 최고로 좋은 직업이라는 생각을 가지고 있다. 영혼을 구원으로 인도하고 하나님과의 관계를 회복시키는 일보다 더 보람 있는 일이 있겠는가?

그렇다면 '투잡(two-job)을 할 여유가 어디 있는가? 이웃을 방문하고, 전도하고 기도하는 일에 24시간도 모자라지 않겠는가?'라는 생각을 가질 때도 있지만 복음 전파를 위해 노력하며 열심히 생활하는 분들을 볼 때, 바울이 텐트 메이커로 자비량 선교를 했던 일을 생각하며 주님께서 그분들에게 큰 힘을 주시길 기도한다.

제20장

하나님과 영적 세계

은퇴 후에 친구들과 정기적으로 둘레 길을 걷고 있다. 걸으면서 이런저런 이야기를 하는데 신앙 이야기도 가끔 하게 된다.

하나님을 믿지 않는 친구들도 제법 많다. 필자가 교회에 출석하는 줄 알기에 조심스럽게 "하나님이 어디 있어? 사람이 만든거야?"라고 하면서 말을 거는 친구들이 있다. 그러면 필자는 이렇게 대답한다.

"세상에는 영적인 세계가 있어. 이것을 외면하거나 모른다면 삶의 80%는 헛되게 산 거야."

80세가 낼모레인데 어떻게 영적인 세계에 대해 무지하면서 자신만만할 수가 있단 말인가?

하나님과 성경은 영에 관한 이야기이다.

교회에서 설교 중에 자주 다루지는 않지만, 성경에는 마귀, 귀신과 지옥에 대한 이야기가 나온다.

필자는 교회 집회에서 목사님이 손을 대고 기도하면 뒤로 벌렁 넘어지는 사람들을 보았다. 어떤 자매님은 상대방의 손을 잡고 기도하면, 본인이 의도하지 않았는데도 즉시 상대방 몸에 있던 귀신이 소리를 지르며 나가면서 주위 사람들이 다 알게 되는 상황이 벌어져서 당황한 적이 많았다고 한다.

필자가 출석하는 교회에도 암으로 여러 차례 죽음 직전까지 갔던 분이 지금은 완쾌되어서 하나님께 찬양과 기도의 생활을 하고 있다. 이런 사례들은 생각보다 많다.

필자의 어머니는 2000년 1월에 뇌출혈로 돌아가셨다. 운명하시던 날 새벽에 필자의 아내가 교회 목사님을 청해서 기도를 부탁드렸다. 예배를 드린 후 목사님을 병원 현관에서 배웅하고 돌아설 때부터 갑자기 아내는 허리를 쓰지 못하게 되었다. 장례 절차 동안 집에 누워있어야만 했다. 발인 전날 교회 기도의 용사들이 와서 집중적으로 기도를 하자 허리가 온전해져서 발인 예배와 장례 행사를 마칠 수 있었다. 어머니에게 머물러 있던 어두운 영이 떠나가면서 아내에게 해코지를 했다고 믿는다.

중국 상해에 사는 딸네 식구 이야기이다.

코로나 팬데믹이 막 시작되던 2020년 1월이었다.

우리 부부는 남미 에콰도르에 전문가로 파견을 갔다. 필자의 딸은 상해에서 살다가 구정 전에 시할아버지가 돌아가셔서 상해에서 6시간 거리의 저

장성 원조우라는 도시의 큰집으로 가서 장례에 참석하고 구정을 지냈다. 28일 상해에서 돌아와 31일에는 미국 LA에서 우리와 함께 휴가를 보내기로 약속을 한 상태였다.

그런데 25일부터 딸의 몸에 이상이 생겼다. 열이 38도 이상 오르기 시작하더니 내려가지를 않았다. 당시는 기차역과 고속도로 톨게이트마다 체온을 측정해서 37.3도가 넘으면 격리하던 때였다.

우리도 현지 키토(Quito) 한인교회와 한국교회에 긴급 기도를 부탁하고 열이 내려가기를 기도했다. 출애굽 마지막 날 밤, 어린 양의 피를 문설주에 바르고 죽음의 영이 넘어가기를 기다리던 이스라엘 백성과 같은 심정으로 밤을 지새웠다. 다음은 어려운 고비를 무사히 넘긴 딸의 글이다.

「할렐루야!
저와 저의 가정을 위해 기도해 주신 모든 분들께

정말 감사드립니다.

지금은 모두가 더욱 한 마음으로 기도해야 할 때인 것 같습니다.

중국을 위해서 더욱더 힘써 지속적으로 기도해 주시길 부탁합니다.

하나님은 하나님의 자녀를 사랑하시고 돌보시며 저희가 가는 모든 길마다 주님의 사자를 보내셔서 저희를 지키시고 천인이, 만인이 나의 우편에서 쓰러져도, 내가 사망의 음침한 골짜기를 지나도, 그 어느 곳 하나 상함 받지 않도록 하시는 나의 하나님!

그런 하나님을 저에게 알게 하시기 위해 그리고 중국을 위해 더욱 힘써 기도하라고 잠시 열이 난 것 같습니다. 아무런 이유도 없이 갑자기 열이 나고 설사하고…. 너무 무서웠습니다.

상해 집으로 돌아가야 하는데 열이 나서 기차를

타면 바로 격리 대상이 되기에 렌트카로 이동하기로 결정했습니다. 고속도로에서도 열 검열을 하지만, 더 지체하면 우리가 있는 도시도 곧 봉쇄되기 때문에 빨리 상해로 움직여야 했습니다. 계속 기도하며 열을 체크하면서 고속도로를 달리는데 열을 검열하는 체크 포인트에 다다르기 조금 전부터 통과 가능한 수치로 열이 떨어졌어요.

열 검열하는 곳에 도착해 차 한 대 한 대 검사를 받으면서 저희 차례를 기다리는데 혹시라도 높은 수치가 나오면 격리되어야 한다는 생각에 심장이 떨리고 무서웠습니다. 열 검사를 하시는 분이 열을 쟀는데 37.2도가 나오자 애매한지 몇 번을 다시 쟀습니다. 그러더니 아마도 차 안의 히터 때문인 것 같다며 괜찮은 것 같다고 통과시켜 주었습니다.

지금은 집에 돌아와서 몸을 따뜻하게 하고 잘 쉬고 있습니다. 사면초가에도 우리에겐 위를 바라보며 하나님께 기도할 수 있으니 얼마나 행복하고 감사한지를 다시 한번 경험했습니다. 곳곳에서 저희를 위해 기도해 주신 분들이 있기에 더욱 든든했습니다. 모두 계신 곳에서 건강하시고, 다시 한번 중국을 위해 함께 기도해 주시길 부탁드립니다. 사랑하고 축복합니다!」

딸네 식구들은 중국에서 출발하는 거의 마지막 비행기를 타고 미국까지 무사히 와서 우리와 함께 휴가를 보냈는데, 곧 중국으로 오가는 항공편이 끊어지고 말았다. 한 달가량 미국에 체류하다가 필자가 비워 놓고 온 한국 집으로 가서, 8개월 정도를 보내다가 중국으로 갈 수 있었다. 큰일이 아닌 듯한 이야기이지만, 일상 속의 영적 세계를 경험한 순간이었다.

제 21 장

믿음의 분량

믿음의 분량이 있는가?

어떻게 하면 굳건한 믿음을 얻을 수 있을까?

무조건 '믿습니다!'라고 하면 될 것도 같은데 마음속에 작은 의심도 없어야 믿음이라고 할 수 있는 것 아닌가?

"믿음은 바라는 것들의 실상이요 보이지 않는 것들의 증거니"(히브리서 11:1)

참으로 멋있는 말이요, 근거가 되는 말씀이다. 그러나 여전히 손에 잡히는 것은 아니다.

믿음의 장이라고 하는 히브리서 11장에는 믿음의 선지자들이 열거되어 있다.

아벨부터 시작하여, 하나님이 방주를 지으라고 한 말씀을 거의 백 년 동안 믿고 산에다 배를 만든 노아가 있다. 또한 아브라함, 야곱, 모세 그리고 이름이 거명되지 않은 선지자들이 열거되어 있다. 필자가 덧붙이자면 바알 선지자들과 대결하여 믿음으로 승리한 엘리야, 이유 없이 재산과 온 가족을 잃는 비극 속에서도 하나님을 의심치 않은 욥, 그리고 순교 당한 예수님의 제자들을 꼽을 수 있겠다. 우리나라 초기 기독교가 전해지는 과정에서도 믿음을 지키기 위하여 목숨을 바친 수많은 믿음의 선배들이 있다.

믿음은 어디에서 오는가?
성경은 하나님의 말씀을 들음에서 난다고 한다.
하나님에 대한 체험이 먼저인가?
믿음이 선행되어야 하는가?

이름이 사울이었던 바울은 예수님을 모른 채로 박해하다가 예수님을 만나 개인적인 경험을 한 후에 믿음을 갖게 되었다. 모세에게도 하나님이 먼저 찾아가셨던 것이 아닌가?

예수님은 하인의 병을 고치려고 예수를 찾아온 백부장을 보고 "이스라엘에 이만한 믿음을 만나보지 못했다"(마태복음 8:10)라고 하셨다. 또한 "겨자씨 한 알 만큼만 믿음이 있어도 산을 들어 옮길 수 있다"(마태복음 17:20)라고도 하셨다.

믿음의 분량에 대한 생각에 잡혀 있던 어느 날, 교회에 초빙 강사로 오신 어느 목사님과 믿음에 관련된 이야기를 하던 중에 중요한 말씀을 들었다.

성경은 각 사람의 믿음의 분량이 각각 다르다고 가르친다.

"너희는 스스로 더 중요한 것으로 생각하지 말고 오직 하나님께서 각 사람에게 나누어 주신 믿음의 분량대로 지혜롭

게 생각하라"(로마서 12:3)

결국 믿음은 하나님과의 관계에서 나오는 것으로 그 분량에 따라 우리가 해야 할 사명이 있다는 것이리라.

"믿음의 크기가 중요한 것이 아니라 주어진 분량에 맞는 열매를 맺는 것이 중요하다"라고 설명하셨다. 그동안 믿음에 대하여 생각하던 중 참으로 위로가 되고 마음에 새길 의미가 있는 말씀을 얻어 기뻤다.

필자는 가끔 '믿음이 적은 저를 불쌍히 여겨 주옵소서'라고 기도했다.

믿음이 크고 적은 것을 말하기 전에 스스로 그동안 어떤 열매를 맺었는지 돌이켜 보아야 할 것이다.

믿음의 열매가 다시 필자의 화두가 되었다.

얼마나 전도해서 믿지 않는 사람들을 몇 명이나
예수님께로 인도했는가?
우리 가정에서 믿음의 가장 역할을 했는가?
필자를 아는 사람들은 필자를 예수님의 제자라
고 생각하고 있는가?

제22장

솔로몬은 왜
하나님을 떠났을까?

솔로몬 왕은 하나님으로부터 지혜와 왕국의 부귀와 영화를 보장받은 천하에 부러울 것 없었던 인물이다.

하나님께서 솔로몬과 맺은 언약은 성경 열왕기상 3장에 자세히 나와 있다.

솔로몬이 백성을 재판할 수 있는 지혜를 구하자 이를 좋게 여기신 하나님께서는 부와 영광도 약속하셨다. 그러나 성전이 완성되던 때에 하나님께서 다시 나타나셔서 다른 신을 섬겨 하나님을 떠나면 받을 징계에 대하여 자세히 경고하신다(열왕기상

9장). 그럼에도 불구하고 솔로몬은 나이가 많아 늙어서 하나님을 떠나고 만다.

하나님의 경고대로 그의 왕국은 분열되고 북이스라엘은 B.C. 722년, 남유다는 B.C. 586년에 멸망한다. 이스라엘 백성은 그 후 2,500년이 넘는 세월을 온 세상에서 조롱 받으며 나라 없이 떠돌며 살게 된다. 이 끔찍한 결과를 초래한 솔로몬은 왜 하나님을 떠났을까? 이해하기 힘들 뿐 아니라 묻지 않을 수 없는 질문이다.

첫째로, 그는 부러울 것 없는 삶을 살았다.

솔로몬의 수명은 성경에 기록되어 있지 않으나 그는 40년간 왕으로 왕국을 다스렸다. 시바의 여왕까지 그의 지혜를 흠모해 찾아와서 같이 지낸 것을 보면 인간으로서 모든 것을 누렸다고 보아야 할 것이다. 인간은 돈과 시간이 많으면 쾌락으로 떨어지기 십상이라고 했다. 오랜 세월 동안 남으로부터

간섭받지 않고 즐기면서 도덕심과 하나님에 대한 경외감이 없어졌다고 할 수 있다.

솔로몬은 바로의 딸과 결혼하고, 성전이 완성되기 전이었으므로 산당에서 제사를 드렸다고 성경은 기록하고 있다.

신명기 7장에는 "너는 이방인들과 혼인하지 말라 그 딸을 네 아들에게 주지 말며, 그 아들을 네 딸에게 취하지 말라 그가 네 아들을 유혹하여 그로 여호와를 떠나고 다른 신을 섬기게 하므로 여호와께서 진노하사 너희를 속히 멸하실 것임이니라"(3,4절)라고 말씀하셨다.

성경에 의하면 산당은 대개 이방인들이 제사를 드리는 곳이다. 나중에 솔로몬은 왕비가 700명, 후궁이 300명이나 되었다고 한다.

그는 여인을 따라 시돈 사람의 여신 아스다롯을 좇고, 모압의 가증한 그모스를 위하여 예루살렘 앞산에 산당을 짓고 제사를 드리며 하나님을 떠났다

(열왕기상 11장). 현재로 말하자면, 그의 처첩들과 산당들을 위한 건물들이 대단위 아파트 단지와 같았을 것이다. 신명기 말씀대로 이루어진 것이다.

둘째로, 솔로몬 왕은 평생 어려움에 처하지 않아 하나님께 매달려 간청할 일이 없었을 것이다. 그의 아버지처럼 사울 왕에게 쫓겨 다니며, 적국 블레셋까지 가서 목숨을 부지해야 할 일을 겪지 않았다. 쉽게 말하면 부잣집 도련님처럼 세상 어려움을 모르고 지낸 것이다.

셋째로, 그가 노년에 기록했다고 알려진 전도서를 보면, "헛되고, 헛되며, 헛되고, 헛되니 모든 것이 헛되도다"(전도서 1:2)라고 썼다.

그는 그가 누린 모든 부와 영광이 헛된 것임을 통렬히 느꼈을 것이다. 하나님으로부터 멀어진 자신의 처지에 대한 후회와 탄식으로 가득 차 있었을 것이다. 부와 지혜, 거짓 예배에 대하여 마치 바람을 잡는 것과 같다고 토로했다.

진정한 기쁨은 하나님께 순종함으로만 얻을 수 있다는 것을 깨달았을 것이다.

안타까운 것은 솔로몬은 후회와 슬픔에 젖어 있었지만, 하나님께 잘못을 고백하고 용서를 구하지 않았다는 것이다. 다윗도 불륜을 저질렀지만 나단 선지자의 질책으로 통곡하며 하나님께 용서를 구했다. 하나님은 밧세바에게서 난 첫아들을 죽임으로써 그를 용서하고 다시 두 번째 아들 솔로몬을 허락하셨다. 그러나 하나님의 징계는 아들 압살롬의 다윗 왕 아버지에 대한 반란으로 나타난다.

세상에서 가장 부와 영광을 누렸던 솔로몬 왕도 자기의 욕망을 이기지 못하고 역사에서 불행한 사람으로 기록되었다. 무소불위의 권력을 누렸던 스탈린(Joseph Stalin), 히틀러(Adolf Hitler), 김일성 등 현대의 독재자들도 마찬가지이다.

제23장

하나님의 언약궤

언약궤는 하나님의 임재와 능력을 나타내는 영적인 물건이다.

광야 시절에 하나님께서 자세한 치수를 말씀하셔서 만들게 하셨다.

언약궤의 크기는 가로 112.5cm, 세로 67.5cm, 높이 67.5cm의 사각형 상자이다.

모세의 십계명 돌판, 아론의 싹난 지팡이, 그리고 광야 시절 유대인을 먹인 '만나'가 들어 있다. '지성소'를 세우고 제사장들이 언약궤를 지키며 제사를 드렸다.

요단강을 넘어 가나안 땅으로 들어갈 때에도 언약궤를 앞세웠고, 여리고 성을 공략할 때는 언약궤를 메고 칠일 동안 성을 돌자, 여리고 성이 무너짐으로써 하나님의 능력을 입증하였다.

B.C. 1,102년경 블레셋과 전쟁할 때 싸움에 대패하면서 3만여 명이 죽고 언약궤도 탈취당했다. 블레셋인들은 언약궤를 자기들이 섬기던 다곤 신전에 가져다 두었다. 그러자 신상의 목과 두 손목이 잘리는 일이 벌어졌다. 일곱 달 동안 언약궤가 블레셋 지방에 머물 때 언약궤를 가져다 둔 곳마다 재앙으로 많은 사람들이 고통당하자 결국 언약궤를 어쩌지 못하고 유대인들에게 돌려주었다.

때는 엘리 대제사장이 나이가 많고 아들 둘이 행실이 나빠서 하나님께 죄를 짓고 있던 시절이었다. 사무엘 제사장은 아직 어려서 엘리 제사장의 시중을 들고 있었다. 하나님께서 사무엘에게 엘리의 두 자식과 엘리를 죽이겠다는 말씀을 하시고 사무엘은 이를 엘리 제사장에게 고한다. 그러나 엘리 대제사장은 회개하지 않고 하나님의 처분을 받아들이겠다고 말한다.

왜 하나님의 언약궤가 빼앗기는 일이 벌어졌을까?

하나님의 능력이 사라졌던 것일까?

당시 엘리 대제사장이 다스리던 시절의 유대인들은 하나님을 진심으로 섬기지 아니하고 일종의 우상처럼 여겼던 것이 아닐까?

언약궤가 여기 있으니 하나님이 우리와 계시고, 우리는 승리한다는 안일한 생각에 빠져 있었으리라고 생각해 본다.

오늘날 우리가 습관대로 주일 예배에 참석하고 헌금을 하지는 않는지, 진심으로 하나님을 경외하는 마음을 가지고 있는 것인지 돌아볼 일이다.

하나님은 우리 마음의 중심을 보신다.

언약궤는 어디에 있던 그 능력을 잃지 않았다.

블레셋에서 돌아와서 유다 땅 기럇여아림에 들어가서 20여 년 동안을 머물렀다. 사무엘이 대제사장이 된 이후로 이스라엘 온 족속은 여호와를 사모하며 평화를 되찾았다. 그러나 사무엘이 늙고 두 아들이 사사로 나라를 다스리며 판결을 옳지 않게 하므로, 이스라엘 백성은 다른 나라처럼 왕이 자기들을 다스려 주기를 원했다. 하나님께서 "이 백성이 나를 버려 자기들의 왕이 되지 못하게 하는구나"(사무엘상 8:7)라고 탄식하셨다.

후에 솔로몬 왕이 대성전을 짓고 언약궤를 모셨다. 그러나 그들이 하나님을 떠나자 B.C. 587년 바빌론의 침공으로 예루살렘이 정복당하면서 언약궤는 사라지고 행방이 알려진 바 없다.

그 이후로 언약궤를 찾는 노력은 끊임없이 이어졌다. 수년 전 예루살렘에서 언약궤를 발견했다는 뉴스도 있었다. 에티오피아에 숨겨져 있다는 소문도 있다. 영화 「인디아나 존스」에서도 나치 정권이 언약궤를 찾는 이야기가 나온다.

기독교는 말씀의 종교이다.

여호와(하나님)가 곧 말씀이고, 말씀이 육신이 되어 우리 가운데 계신다. 유대인들은 언약궤가 사라진 뒤에도 말씀을 사모하고, 공부하며, 온갖 고초를 겪으면서도 말씀대로 살려고 노력해 왔다. 하나님은 물리적 상징인 언약궤가 적군에게 탈취당하는 것을 허용하시면서도 살아계신 하나님을 증명해 보이셨다.

제24장

하나님의 형상

하나님의 얼굴은 어떻게 생겼을까?

인자한 할아버지 모습일까?

성경에는 구체적인 하나님의 형상에 관한 언급이 없다.

창세기 1장에는 "하나님이 이르시되 우리의 형상을 따라 우리의 모양대로 우리가 사람을 만들고"라고 기록되어 있다.

야곱이 얍복강에서 어떤 사람과 날이 새도록 씨름하다가 그가 야곱을 이기지 못하며 허벅지 관절을 쳐서 어긋나게 하고 야곱의 이름을 '이스라엘'이라고 새로 지어주었다. 이때 야곱이 내가 하나님을 대면하여 보았으나 내 생명이 보전되었다고 했다(창세기 32장). 이때에도 하나님의 형상에 관한 기록은 없었다.

하나님께서 모세에게 "네가 내 얼굴을 보지 못하리라. 나를 보고 살 자가 없느니라"라고 하셨다. 그러고는 얼굴은 안 보여 주시고 지나가는 등만 보여 주셨다(출애굽기 33장 참조).

모세와 많은 대화를 하셨지만 얼굴은 보여 주지 않으시고 말씀으로만 하셨다.

하나님께서 엘리야에게 동굴 밖으로 나오라고 하셨을 때 엘리야는 하나님을 직접 보면 죽게 되므로 겉옷으로 얼굴을 가리고 나갔다. 하나님께서는 세미한 음성으로 엘리야에게 "네가 어찌하여 여기 있느냐?"라고 물으셨다. 이때에도 하나님께서는 소리로 임재를 나타내셨다(열왕기상 19장 참조).

위에서 살펴본 바를 종합하면 하나님은 형상을 갖추고 있지만, 사람들에게 보여주지 않으시고 목소리로 뜻을 전하셨다.

햇빛은 색깔이 없지만 프리즘을 통하면 빨강, 주황, 노랑 등 무지개 색깔로 나누어 나타난다.

만일 우리가 하나님의 형상을 따라 만들어진 사람들의 얼굴을 다 모아서 합성할 수 있다면 하나님의 형상을 만들 수 있지 않을까?

이때에도 하나님의 형상은 햇빛처럼 형태가 없이 나타나는 것은 아닐까?

"태초에 말씀이 계시니라 이 말씀이 곧 하나님이시니라" (요한복음 1:1)

역시 하나님은 말씀으로 존재하시는 것일까?

그러나 사람을 "하나님의 형상대로 만드셨다"라는 것은 인간의 본질과 존재에 대하여 깊은 의미를 갖고 있다. 즉 얼굴 형태뿐 아니라 인간의 이성, 감성, 양심, 도덕적 판단, 사랑, 양선 등의 특성이 하나님과 같은 속성을 갖는 것이라는 생각이 든다. 그러므로 하나님께서는 끊임없이 사람들과 관계를 가지시려고 노력하고, 인간은 혼자 존재하기보다는 하나님과의 관계를 유지하려고 노력하는 것이다.

내 얼굴이 하나님 형상대로 지어졌다면, 내 속 사람도 하나님의 품성을 나타내도록 해야 할 것이다. 사람들의 피부 색깔과 모습에 관계없이 우리의 형상들을 존중하고 하나님과의 관계를 유지하는 것이 창조된 피조물로서의 깊은 영적인 의미가 있다.

제 2 5 장

하나님의 자녀

우리는 예수님을 주(主)님이라고 부른다.

예수님과 나와의 관계를 나타내는 말이다.

목사님들은 자주 자신들을 주님의 종(從)이라고
지칭한다.

이는 "주님이 나의 주인이 되시고 나는 주인의
종으로 주인님의 명에 순종한다"라는 의미를 내포
하고 있다.

하나님과 하나님의 아들인 예수님과 우리 신분
에는 차이가 있는 것이 당연하다.

조선 시대에는 우리나라 전체 인구 중 30~40%

가 노비의 신분이었을 것으로 추정된다. 노비는 농사와 집안일을 도맡아 하며 혼인에도 제약이 많고 과거도 보지 못하며 주인의 사적 재산으로 취급되었다. 노비 신분은 대물림이 되어 벗어날 수가 없었다.

신분에 대한 이야기를 하나 더 하겠다.

필자의 딸은 미국에서 태어났기에 자연스럽게 미국 시민권을 얻었다. 나중에 중국인과 결혼해서 한국에 와서 두 아들을 낳고 중국에서 살고 있는데, 손자들은 미국 국적을 갖게 되었다. 어머니가 미국 시민이면 자식들이 어디서 태어나든지 미국 시민권을 취득할 수 있는 자격이 되기 때문이다.

딸네 식구들이 현재 중국 공산주의 체제에서 살기에 항상 불안한 마음이 있다. 특히 코로나 팬데믹 당시에 중국 당국이 자국 국민들을 보호하기 위해 너무 강하게 폐쇄를 해서 그때 놀란 외국인들이 중국을 떠나서 돌아오지 않고 있다. 이런 상황이지만 미국 시민권을 가지고 있으면 최악의 사태가 발생하더라도 미국 정부의 보호를 받을 수 있을 것으로 기대한다. 미국 시민권을 얻으려고 멕시코 국경을 넘는 사람들에게나 난민 상태에 있는 사람들에게는 미국 국적이라는 것이 생사의 문제인 것이다. 신분은 태어나면서 결정되는 경우가 많다.

그러나 우리와 하나님과의 신분 관계는 놀랄만한 비약을 거듭한다.

구약 시대에는 이스라엘 사람들은 하나님이 다스리는 나라의 백성이라고 했다.

예수님은 제자들을 형제라고 부르셨다.

우리가 예수님을 믿으면 하나님의 자녀가 되는 것이니 예수님과 형제라고 할 수 있다.

"영접하는 자 곧 그 이름을 믿는 자들에게는 하나님의 자녀가 되는 특권을 주셨으니"(요한복음 1:12)

"너희가 다 믿음으로 말미암아 그리스도 예수 안에서 하나

님의 아들이 되었으니"(갈라디아서 3:26)

"그러므로 네가 이후로는 종이 아니요 아들이니 아들이면 하나님으로 말미암아 유업을 이을 자니라"(갈라디아서 4:7)

우리가 하나님의 백성이었다가, 종의 신분이었다가, 예수님과 형제라고 불렸다가, 마침내는 하나님의 자녀가 된 것이다.

동화 『왕자와 거지』에서처럼 거지 차림으로 세상에 나왔지만 실상은 왕자인 것이다.

자녀이므로 하나님을 "아바 아버지"라고 부를 수 있는 특권이 있다. 하나님이 예수님의 영을 우리 가운데 보내사 "아바 아버지"라 부르게 하셨다(갈라디아서 4:6).

'아바'는 아랍어로 아버지를 가장 가깝고 친근하게 부르는 말로써 우리 말로는 '아빠'다. 예수님께서 기도를 가르치실 때도 '하늘에 계신 우리 아버지'라고 부르도록 하셨다. 우리가 하나님의 자녀라고 하는데 하나님을 가슴 아프게 한다면 큰 불효가 될 것이다.

하나님의 자녀이므로 유업을 받을 수 있는 것이다.

아버지의 것을 내 것으로 누릴 수 있는 것이다.

이 세상의 모든 것은 우리 아버지의 것이다.

이생뿐만 아니라 내세에도 복을 받도록 준비되어 있는 것이다.

하나님의 자녀는 하나님 나라에 소속된 자들이다.

하늘나라에 속한 사람들은 세상에서 살 때에도 구별된 삶을 살아야 할 것이다.

세상에서 소금과 빛으로 살아가는 자들이 하나님의 자녀들이다.

하나님의 자녀라는 자부심을 가져야 한다.

세상 일이 힘들더라도 하나님을 바라고, 하늘 나라의 소망을 가지고, 담대하게 헤쳐나가야 한다. 하나님과의 친밀한 관계를 회복하며 세상에서 하나님 나라의 영광을 전하는 사명이 우리에게 있기 때문이다.

제26장

믿음의 본질과 비본질

교회에 나가고 싶지만 집안 제사, 술이나 담배 문제로 망설이는 사람들이 생각보다 많다. 그러나 이런 문제들은 믿음의 본질과는 상관없다. 성직자들에게도 술과 담배를 허용하는 교회도 있지만, 마음에 믿음이 자라나면 자연히 해결될 문제이다.

믿음의 본질에 대해서는 교회마다, 또 모든 목사님들이 가장 중요한 명제로 생각하지만 모두 같지는 않다.

미국에서 가장 영향력 있는 교회 중 하나인 새들

백교회(Saddleback Church)에서 가르치는 본질과 비본질 견해를 소개한다.

먼저 믿음의 본질을 8가지로 제시한다.

하나님, 예수님, 성령, 성경, 인간, 구원, 영원한 인 치심, 영생.

대부분 설명을 필요로 하지 않으나, 인간이 믿음의 8가지 본질에 포함되는 것은 믿음의 주체이기 때문일 것이다. 인간 대신에 '나'를 넣으면 너무나 자명하다.

기독교 공동체, 전도 등이 내포된 의미일까? 교회도 포함되지 않았다.

기도는 믿음에 중요한 데 본질에는 포함되지 않는 건가?

인 치심은 성령님에 포함해도 되는 것 아닌가?(에베소서 1:13)

비본질은 교단의 교리, 은사, 방언, 예배, 선물,

십일조, 성령 세례(침례) 여부 등을 들고 있으나 실제로는 할례, 십자가, 성직자의 결혼 문제, 여성 성직자 등 훨씬 더 많으리라고 생각한다. 이들은 대단히 중요한 일이기는 하지만 본질은 아니라는 뜻이다. 방언과 성령 세례는 이미 다루었으므로 설명을 생략한다.

교리부터 살펴보면, 오늘날 가톨릭과 개신교의 분리, 성공회의 탄생부터 여러 교단으로 갈라진 것은 교리 때문이다.

초대 교회의 이방인에 대한 전도 문제부터 시작하여, 구원 예정론 등 청교도, 장로교, 감리교, 성결교, 오순절교, 순복음교 등으로 분파된 것도 교리 문제가 원인이었다.

예배는 대단히 중요하지만 그 형식이나 절차가 본질은 아니라는 뜻이다.

예전에는 안식일 지키는 문제, 새벽 기도, 수요

예배, 금요 철야 기도회, 찬양 형식, 사도신경 암송 여부, 강단에 십자가를 거는 문제, 누가 대표 기도를 하는가, 온라인 예배 등등을 들 수 있었다. 우리나라의 새벽 예배는 세계적으로 칭찬을 듣기는 하지만 다른 나라에는 거의 없는 예배이다.

십일조는 성경에서도 강조하고, 신자의 의무로서 법규화되기도 했다. 십일조는 서유럽에서 종교세라는 명목의 조세로 전환되면서 교회에 직접 내기보다는 자율 세금의 방식으로 정부에 납부하는 방식으로 변형되었다. 1887년까지 프랑스, 독일, 영국, 이탈리아에서 십일조가 폐지되었다.

기본적으로 가진 것의 모두가 하나님으로부터 왔음을 깨닫고 감사하는 마음이 중요하다.

십일조에 관한 조크가 있다.

어느 신자가 성실하게 십일조를 내겠다고 서약하고 지켰는데 사업이 크게 번창했다. 십일조 금액

이 너무 많아지자 하나님께 "다 내야 합니까?" 하고 물어보았다.

그러자 하나님께서 "너무 많다고 생각하면 부담이 안 가는 정도로 수입을 줄여 주겠다"라고 대답하셨다고 한다.

교회의 어두운 이야기나 목회자들의 부정 등이 언론에 나올 때도 믿음이 흔들리지 말아야 한다. "의인은 없나니 하나도 없다"(로마서 3:10)라고 했으니, 그들은 또 다른 죄인일 따름이다.

하나님에 대한 믿음은 오롯이 '나'와 하나님의 문제이다. 그러나 믿음은 들음에서 난다 하니, 말씀의 능력이 있는 목사님, 좋은 성경 공부 모임은 매우 중요하다.

본질에는 일치를!
비본질에는 용납을!
그리고 모든 것에는 사랑을!

제 2 7 장

가톨릭과 개신교

필자는 남미 에콰도르에 과학 정책 자문관으로 잠시 근무한 적이 있다.

남미는 주지하는 바와 같이 대부분이 가톨릭 국가이다.

개신교 교회들은 오순절 성령 계열이 주류를 이루고 있다.

필자가 에콰도르에 근무할 당시에 수도 키토(Quito)의 성당에 근무하던 한국인 신부님이 귀국한 이후 후임자가 없어서 성도들이 점차 개신교 교회로 출석하는 실정이었다.

교회에서는 이분들이 예수님에 대한 신앙을 고백했을 때, 침례식과 같은 예식 절차를 받게 하였고, 입교식과 신앙생활을 안내하였다.

오랫동안 성당에 출석하다가 개신교로 개종한 어느 노부인이 가톨릭과 개신교의 차이에 대하여 필자에게 물어 온 적이 있었다.

필자는 자료를 만들어서 그분에게 설명을 드린 적이 있다.

무엇보다도 우선 개신교회와 가톨릭교회가 교회의 뿌리는 같고, 복음을 전하고 인류 구원을 위하여 헌신하는 신실한 주님의 제자들이 많다는 것을 강조한 것은 물론이다.

초대 교회 이후 믿는 성도가 늘어나므로 콘스탄티누스 황제가 313년 기독교를 공인함으로 교회를 지을 수 있고, 공개적으로 믿어도 처벌받지 않도록 허용했다.

가톨릭(Catholic)의 문자적 의미는 보편적인, 일반적이라는 뜻이다.

당시 로마인들은 여러 가지 신을 믿고 있었다.

로마는 380년에 기독교를 국교로 채택하면서, 전 세계로 기독교가 확산되었다.

그러다가 개신교는 1500년대 종교 개혁 때 가톨릭교회에서 갈라져 나온 것이다.

두 교회는 같은 것 같으면서도 몇 가지 차이점을 가지고 있다.

개신교에서는 교회의 머리는 예수님이심을 믿지만, 가톨릭에서는 교황을 하나님의 대리자로서 교회의 머리라고 믿는다.

가톨릭에서는 십계명의 둘째 계명 "만든 우상을 숭배하지 말라"를 삭제하고, 열 번째 계명을 두 개로 나누어서 십계명을 수정했다.

구원 문제도 차이가 있다.

개신교에서는 오직 예수님을 믿음으로만 구원을 받는다고 믿는다.

가톨릭에서는 믿음과 선행을 강조하고 있다. 이를 위하여 정경 66권 이외에 외경 7권을 추가하여 연옥이라는 개념을 도입하고, 예수님을 믿고 죽었지만, 선행이 모자라는 사람은 죄를 정화하기 위해 연옥에 있다고 믿는다.

죄 용서함 문제에 대해서도 개신교는 예수님의 죽음 이후 만인 제사장 개념으로 성도가 직접 하나님에게 예수님의 십자가 공로로, 죄를 고백하고 죄 용서함을 받는 반면에, 가톨릭교회에서는 신부 앞에 나아가 고해 성사를 통해 죄를 고백하면 고해신부는 사죄를 하고 보속을 정해 준다고 한다.

중세 때에는 교황이 죄를 용서해 줄 수 있다고 생각해 면죄부를 만들어 팔았고, 결국 종교 개혁을 불러일으켰다. 중세와 근대 역사에서 종교가 차지하는 비중이 대단히 크다.

특히 아메리카 대륙 식민지 개척 역사에 종교가 남긴 발자취가 남미에서 지내다 보면 피부에 와닿는다.

제28장

나날이 새로운 하나님 말씀

성도라면 성경을 매일 읽으라고 한다.

그 진정한 의미를 나중에야 느끼게 되었다. 이미 알고 있다고 생각하는 성경도 환경이나 생각에 따라 새롭게 감동을 줄 때가 많다. 성경은 쉬운 듯하지만 깊은 내용은 이해하기 어려운 대목들도 많다. 전문적으로 공부하신 분들의 도움이 필요하다.

"내 이름으로 무엇이든지 내게 구하면 내가 행하리라"(요한복음 14:14)

목사님 설명을 듣고서야 이해가 된 구절이다.

'무엇이든지'라고 약속하시니 믿어지지 않았다.

"내 이름으로 구한다"는 것이 우리가 기도드릴 때 의례적으로 "예수님 이름으로 기도드립니다. 아멘"이라고 하는 뜻인 줄 알았는데 "예수님의 이름을 걸어도 어울리는, 하나님 뜻에 맞는 내용을 구하라"는 뜻이었다. 그럼! 그렇지. 성경은 쉽게 읽을 일이 아니다.

필자가 출석하는 교회에서는 간구하는 기도도 있지만 선포하는 기도를 하는 이들도 있다. 선포는 "하나님께 무엇을 달라고 하는 기도가 아니라, 하나님의 뜻으로 알고 있는 그 무엇이 이루어지도록 선언하는 것"을 말한다.

하나님은 홍해에서 모세에게 "너는 어찌하여 내게 부르짖느냐 지팡이를 들고 손을 바다 위로 내밀어 그것이 갈라지게 하라"(출애굽기 14:15,16)라고 말씀하셨다.

"네가 무엇을 결정하면 이루어질 것이요 네 길에 빛이 비치

리라"(욥 22:28)

하나님께서 이미 주신 능력을 사용해서 하나님을 위한 일을 한다는 것이다.

"내게 능력 주시는 자 안에서 내가 모든 것을 할 수 있느니라"(빌립보서 4:13)

이 말씀도 한동안 받아들이기가 어려웠다.

스스로 그럴 수 없다는 것을 알고 있었기 때문이다. 그러나 이 대목은 필자에게 "자신감을 가져라"라고 말하는 것이 아니었다. 바울 사도의 이야기인데 필자에게 적용했기 때문이다.

11절의 "어떠한 형편에든지 나는 자족하기를 배웠노니"라는 말씀의 연장선에 있는 것이다. 12절에서 바울은 "나는 비천에 처할 줄도 알고 풍부에 처할 줄도 알아 모든 일 곧 배부름과 배고픔과 풍부와 궁핍에도 처할 줄 아는 일체의 비결을 배웠노라"라고 했다.

예수님을 위하여 죽을 뻔도 여러 번 하고 온갖

고초를 겪고, 또 주어진 상황에서 자족할 수 있다면 무슨 일인들 시작하지 못하겠는가! 당장 재정이 없어도 하나님의 일을 시작하면 하나님께서 해결해 주신 사례가 너무도 많다.

천국에 대한 설명이 여러 곳 있다.

마태복음 19장 30절의 "그러나 먼저 된 자로서 나중 되고 나중 된 자로서 먼저 될 자가 많으니라"에 대한 20장 1~16절의 설명이 중요하다.

일찍 와서 일한 사람이나, 늦게 와서 일한 사람이나 같은 일당을 받는 이 대목을 "살다가 늙어서 나중에라도 예수님을 믿으면 천국 가는구나"라고 생각했다. 십자가에 예수님과 함께 달린 강도가 낙원을 보장받듯이….

20장 1절의 원문은 '왜냐하면(because, 가르 γάρ)'으로 시작하는데, 대부분의 한국어 성경에는 빠져있다. 영어 성경에는 'For 왜냐하면'으로 시작한다.

필자는 가끔 중국 성경을 같이 읽는다. 외손자들이 중국어 성경을 읽기 때문이다. 중국 성경에도 '因爲(왜냐하면)'라고 시작한다. 19장 30절의 설명이라는 뜻이다.

나중에 와서 한 시간만 일하고 하루치 일당을 받은 삯꾼이 주인에게 감동하여, "기회가 되면 일찍 와서 주인을 위하여 하루 종일 열심히 일하리라"라고 감사하며 다짐하는 반면에, 일찍 와서 일하고도 같은 하루치 일당을 받고 불만을 토로하던 삯꾼이 만일 "이렇다면 나도 오후 늦게 와서 하루치 일당을 받아야지"라고 생각한다면 "먼저 된 자가 나중 되는 자가 된다"라는 의미가 바른 해석이다.

"내가 거룩하니 너희도 거룩할지어다"(베드로전서 1:16)
레위기 11장에도 같은 말씀이 있다.
부담이 많이 되는 말씀이다.

목사님이 우리가 실천할 일을 구체적으로 설명한다.

하나님으로부터 받은 은혜를 숨기지 말자!

악으로부터 구분된 생활을 하자!

성경은 읽어도 읽어도 다시 새롭다.

제29장

마음에 담아 둔 하나님 말씀

이제 글을 마치려 한다.

가족들과 친지들에게 예수님을 믿어 온 과정들을 설명하려고 글을 쓰기 시작했다.

성경은 사람을 바꾼다.

마더 테레사는 평생 "과부와 고아를 돌보라"를, 마르틴 루터(Martin Luther)는 "의인은 오직 믿음으로 살리라"라는 구절 하나만 붙들고 역사에 남는 위인이 되었다.

예수님을 믿으면서 필자에게 큰 영향을 주었던

성경 구절들을 소개한다.

1. "우리가 아직 죄인 되었을 때에 그리스도께서 우리를 위
   하여 죽으심으로 하나님께서 우리에게 대한 자기의 사랑
   을 확증하셨느니라"(로마서 5:8)
   – 세례를 받을 무렵 되뇌던 말씀이다.

2. "태초에 말씀이 계시니라 이 말씀이 하나님과 함께 계셨
   으니 이 말씀은 곧 하나님이시니라"(요한복음 1:1)

3. "말씀이 육신이 되어 우리 가운데 거하시매 우리가 그
   영광을 보니 아버지의 독생자의 영광이요 은혜와 진리가
   충만하더라"(요한복음 1:14)
   – 노벨 물리학상, 문학상 보다 훨씬 더 오묘하다
   고 생각되는 말씀이다.

4. "믿음은 바라는 것들의 실상이요 보지 못하는 것들의 증
   거니 선진들이 이로써 증거를 얻었느니라 믿음으로 모든

세계가 하나님의 말씀으로 지어진 줄을 우리가 아나니 보이는 것은 나타난 것으로 말미암아 된 것이 아니니라" (히브리서 11:1~3)

5. "두려워하지 말라 내가 너와 함께함이라 놀라지 말라 나는 네 하나님이 됨이라 내가 너를 굳세게 하리라 참으로 너를 도와주리라 참으로 나의 의로운 오른손으로 너를 붙들리라"(이사야 41:10)

6. "너희는 유혹의 욕심을 따라 썩어져 가는 구습을 따르는 옛 사람을 벗어 버리고 오직 너희의 심령이 새롭게 되어 하나님을 따라 의와 진리의 거룩함으로 지으심을 받은 새 사람을 입으라"(에베소서 4:22~24)

－ 장모님이 교회는 열심히 출석하는데 변화되지 않는 사위에게 주신 말씀이다.

7. "모든 겸손과 온유로 하고 오래 참음으로 사랑 가운데서 서로 용납하고"(에베소서 4:2)

- 그리스도인으로서 생활신조로 삼은 구절이다. 그러나 번번이 '또 못 지켰구나!'라고 한탄하는 구절이다.

8. "I am that I am"(I will be that I will be.)(출애굽기 3:14)

"나는 스스로 있는 자이다"(나는 영원히 있는 자이다.)

- 생각하지도 못할 표현이다.

9. "너희가 성경도, 하나님의 능력도 알지 못하는고로 오해하였도다"(마태복음 22:29)

- 성경을 읽어도 들어오지 않던 구절이 많았는데 눈과 마음을 번쩍 뜨게 하는 구절이다. 하나님을 바로 알지 못해서 오해했습니다. 정말 죄송합니다.

믿으면서 행하지 않으면, 나 자신도 세상도 변화시킬 수 없다.

신실한 이웃 형제들에게서 배운 것이 많다.

하나님의 마음을 아는 것, 말씀을 배우는 것, 말씀을 지키며 사는 것이 그리스도인으로서 의무이자 특권이다.

모든 의심을 떨치고 온전한 마음으로 주 여호와 하나님을 경외하고 이웃을 사랑하며, 진리 가운데 우리 모두 자유하길 기도한다!

망망한 바다 한가운데서 배 한 척이 침몰하게 되었습니다.
모두들 구명보트에 옮겨 탔지만 한 사람이 보이지 않았습니다.
절박한 표정으로 안절부절 못하던 성난 무리 앞에 급히 달려 나온 그 선원이
꼭 쥐고 있던 손바닥을 펴 보이며 말했습니다.
"모두들 나침반을 잊고 나왔기에 … "
분명, 나침반이 없었다면 그들은 끝없이 바다 위를 표류할 수 밖에 없을 것입니다.

우리는 삶의 바다를 항해하는 모든 이들을 위하여
그 나침반의 역할을 하고 싶습니다.
우리를 구원하신 위대한 주 예수 그리스도를 널리 전하고 싶습니다.

"하나님은 모든 사람이 구원을 받으며
진리를 아는 데에 이르기를 원하시느니라"
(디모데전서 2장 4절)

하나님에 대한 묵상집

과학자의 믿음

지은이 | 전의진
발행인 | 김용호
발행처 | 나침반출판사

발행일 | 2025년 4월 10일

등　록 | 1980년 3월 18일 / 제 2-32호
주　소 | 07547 서울특별시 강서구 양천로 583
　　　　블루나인 비즈니스센터 B동 1607호
전　화 | 본사 (02) 2279-6321 / 영업부 (031) 932-3205
팩　스 | 본사 (02) 2275-6003 / 영업부 (031) 932-3207
홈　피 | www.nabook.net
이메일 | nabook365@hanmail.net
일러스트 제공 | 게티이미지뱅크/iStock/아이클릭아트

ISBN　978-89-318-1672-3
책번호　나-1045

값은 뒤표지에 있습니다.